Helga Schubert   Judasfrauen

Helga Schubert

JUDASFRAUEN

Geschichten nach Akten

Aufbau-Verlag

ISBN 3-351-01642-5

1. Auflage 1990
© Aufbau-Verlag Berlin und Weimar 1990
Gestaltung Silke Schneider
Satz DRUCKZENTRUM BERLIN · Grafischer Großbetrieb
Druck und Binden
Karl-Marx-Werk, Graphischer Großbetrieb, Pößneck V 15/30
Printed in the German Democratic Republic
Lizenznummer 301.120
Bestellnummer 614 191 7

... und führe uns nicht in Versuchung

Judasfrauen

Ich wollte in dieses Archiv und die Todesurteile lesen: Von Frauen verraten.

Von Männern verhaftet, von Männern verhört, von Männern verurteilt, von Männern geköpft.

Aber von Frauen verraten.

Ein leiser Verrat.

Ein heimlicher und sauberer Verrat: kein Blut an den zarten Händen, denn das Blut klebte am Fallbeil.

Frauen, die andere Menschen mit ihrem Verrat töteten. Was waren das für Frauen, die einen andern Menschen vernichteten, nur durch Worte?

Fühlst du dich denn überhaupt befugt, über so etwas zu schreiben? Das sollen doch die machen, die das miterlebt haben, die im KZ waren oder in der Emigration.

Du bist ja nicht einmal die Tochter von Betroffenen. Du bist kein Kind jüdischer Eltern, und deine Mutter war keine Politische im Zuchthaus.

Schreib über das, was dich selbst betrifft: Die Flucht aus Hinterpommern.

Schreib über die Mütter, die damals mit euch geflohen sind. In den Trecks, in den LKWs ohne Scheinwerfer am Ostseestrand, und auf der Straße oben das drohende Gebrumm der russischen Panzer. Diesen Frauen müßtest du ein Denkmal setzen.

Ja, du hast recht, antwortete ich meiner Mutter. Aber ich bin auch eine Deutsche, und ich bin auch eine Frau. Was bewog diese Frauen zum Verrat? Sie wußten doch, daß er tödlich ist.

Ist es nicht gefährlich: du mußt dich mit dem Leben dieser Frauen beschäftigen, um sie beschreiben zu können. Am Ende bekommst du noch so etwas wie Verständnis für diese Subjekte. Ein anständiger Mensch hat doch eine natürliche Hemmschwelle und denunziert nicht.

Ja, aber wo liegt der Unterschied zwischen der Frau, die über diese Hemmschwelle springt, und der, die davor stehenbleibt? Könnte ich an ihrer Stelle sein?

Warum sprichst du eigentlich dauernd von Frauen? Als ob es nicht auch unter den Männern Denunzianten gäbe. Willst du deinen Geschlechtsgenossinnen eins auswischen?

Mich stört die Frauenveredelung: so sensibel, so zart, so kooperativ, so mütterlich, so mitleidig, so kreativ, so authentisch sind wir nicht. Wir sind auch böse und auch gefährlich, auf unsere Weise. Sobald ein Mensch auf einem Sockel steht, möchte ich den Sockel zerschlagen.

Mich müssen Sie nicht fragen, sagte die Historikerin, denn: ich bin keine gute lebende Quelle für Sie, weil ich historisch denke und alles, was ich erlebte, historisch einordne.

Zum Beispiel werde ich skeptisch bei den Berichten von Leuten über ihre mutigen Handlungen: sie erzählen nicht die ganze Wahrheit, bauschen auf, verschweigen, und es ist ja auch verständlich.

Aber ich würde an Ihrer Stelle nicht alles glauben. Außerdem fragen Sie nicht die richtigen Leute. Sie bekommen Antworten von Leuten, die auf der falschen Seite stehen. Die haben gar nichts gemacht gegen Hitler, diese Leute nicht. Sehen Sie, ich habe vor dem Kriegsende als Sekretärin bei einem Mann gearbeitet, der war in die Pläne um den 20. Juli 1944 eingeweiht. Ich habe das erst nach dem Krieg erfahren und frage mich noch heute: Warum hatte er kein Vertrauen zu mir? Er hätte mich doch einweihen können?

Gehen Sie zum Vorsitzenden der Hausgemeinschaftsleitung: Er sagt Ihnen die alten Antifaschisten, die hier in der Nähe wohnen. Dann brauchen Sie nicht beim Fahrstuhlfahren die alten Frauen so unsystematisch zu fragen. Warum schreiben Sie nicht über die Trümmerfrauen? Hier im Haus wohnt eine.

Müssen Sie das lesen? Oder lesen Sie das freiwillig? fragte mich meine Nachbarin im Wartezimmer des Frauenarztes, nachdem sie den Titel des Buches registriert hatte, das ich gerade las:

„Frauen unterm Hakenkreuz".

Beides, antwortete ich.

Möchten Sie weiterlesen, oder möchten Sie sich ein wenig mit mir unterhalten? fragte sie da (ich legte das Buch auf den Schoß und sah sie an). Sie sei Mitverfasserin des Weißbuchs über Globke gewesen und habe in ihrem Berufsleben, jetzt sei sie ja Rentnerin, Unterschriften von Nazigrößen beglaubigen lassen, erzählte sie mir. Dann erkundigte sie sich nach meiner Arbeit (ich berichtete ihr von meinem Interesse an politischen Denunziantinnen) und überlegte: In meinem Hochhaus wohnen einige interessante alte Genossen. Wenn Sie wollen, kann ich Ihnen ein Gespräch mit einer Genossin vermitteln, die bei Hitler im Zuchthaus saß als KPD-Kassiererin und nach dem Krieg bei uns lange Jahre Richterin war.

Auch in der Stalinzeit? fragte ich.

Sie habe ohne Unterbrechung gearbeitet.

Und ist sie denunziert worden, oder hat sie jemanden verraten?

Beides nicht. Aber sie könnte Ihnen erklären, wie Sie die damalige Zeit zu verstehen haben.

Seitdem ich wußte, daß auch in diesem Land Akten des Volksgerichtshofes aufgehoben sind, denn alles wurde geteilt in Deutschland nach dem letzten Krieg, und seitdem ich wußte, in welchem Archiv sie lagern und wo sich das Archiv befindet, nämlich in Berlin-Mitte, wollte ich dorthin.

Polizei stand davor. Wie sollte ich hineinkommen? Aussichtslos, sagte mir eine zweite Historikerin, ihr sei es auch nicht erlaubt worden. Man brauche dafür eine Genehmigung höheren Ortes.

Ich stellte einen schriftlichen Antrag und bekam einen Termin.

Pünktlich eine halbe Stunde vor dem Termin ging ich in das Besucherbüro des höheren Ortes, man suchte und fand meinen Namen auf der Liste der angemeldeten Besucher, ich bekam einen Passierschein, sollte sagen, wie viele Taschen ich mit mir führe, sagte, daß es eine sei, ging mit meiner Tasche und dem Passierschein um die Ecke des dickmaurigen Gebäudes, zeigte zwei Offizieren meinen Passierschein und meinen Personalausweis, wies meine Tasche vor, in die ich im Besucherbüro vor der Frage nach der Zahl der Taschen die zweite kleinere gesteckt hatte, weil ich nicht mit zwei Taschen beladen, unordentlich und verdächtig, herumlaufen wollte, ging in die marmorne Eingangshalle, stieg in den seitlichen Paternoster, fuhr an dem Flur mit dem Teppichbelag vorbei, der zum Höchsten – in diesem Haus – führte (gleich am Paternoster steht da ein Offizier an einem Tisch und kann in alle Richtungen hin wachsam blicken).

Ich fuhr höher und höher bis zu der auf dem Passierschein angegebenen Zimmernummer.

Hinter der Zimmertür wurde ich von einer verantwortlichen Frau erwartet, die nach der Begrüßung wieder an ihrem Schreibtisch Platz nahm und mich an den quer stehenden Konferenztisch mit acht Stühlen setzen ließ.

Sie fragte mich nach meinem Anliegen.

Ich erklärte es ihr noch einmal mündlich: daß ich bitte diejenigen Volksgerichtshofakten lesen möchte, in denen nach Denunziation durch Frauen ein Todesurteil erfolgte. Dabei interessiere mich besonders der Alltag der Diktatur und die spezifische Situation, ich vermute: Ohnmacht, der Frau, die sie vielleicht zu diesem Verbrechen getrieben habe.

Die Genehmigung zum Lesen dieser Akten bedürfe einer Fürsprache, hätte ich gehört, sagte ich der verantwortlichen Frau. Und um diese Fürsprache zu bitten, sei ich gekommen.

Wir begrüßen es, daß Sie sich als Schriftstellerin mit der Zeit des Faschismus in Deutschland auseinandersetzen wollen, antwortete sie mir. Bitte widmen Sie sich dabei besonders dem Widerstand der Kommunistinnen. Unsere Analysen haben ergeben, daß wir ihnen im Vergleich zu ihren männlichen Genossen in der Literatur noch besser gerecht werden müßten.

Ich entgegnete, daß mich die Versuchung zum Verrat interessiere, in einer Gesellschaftsordnung, in der es möglich sei, private Konflikte sozusagen mit der Gewalt des Staates zu lösen.

Was wollen Sie mit diesem abgeschlossenen Kapitel, fragte sie mich. Sie vermute, ich habe die Absicht, dem Kleinbürgertum seine Vergangenheit vorzuwerfen. Das ist nicht in unserem Interesse, sagte sie, und: Es sind unsere Bündnispartner.

Sie schlug mir vor, mich statt dessen um etwas historisch Relevanteres und Positiveres zu kümmern, aber: sie machte sich Notizen, und nach einiger Zeit erhielt ich die schriftliche Erlaubnis für die Arbeit im Archiv mit Angabe einer Telefonnummer, unter der ich einen Termin vereinbaren sollte.

Am Telefon bekam ich einen Termin für ein Quellengrundlagengespräch mit einer Wissenschaftlerin, Spezialistin auf dem Gebiet „Frau und Faschismus".

Als ich fünf Minuten vor dem vereinbarten Termin am Eingang des Archivs anlangte, suchte der Polizist meinen Namen auf der Liste der angemeldeten Besucher, ließ sich meinen Personalausweis zeigen und stellte mir einen Passierschein aus. Der Polizist, der aus einer Entfernung von drei Metern zugesehen hatte, prüfte den Passierschein, verglich ihn mit meinem Personalausweis, ließ mich passieren.

Ich fand die Wissenschaftlerin in ihrem Arbeitszimmer, dessen eine Wand ein Fenster zum Nachbarraum, offensichtlich einem Lesesaal, hatte.

Sie schrieb sich mein Anliegen auf und fragte mich: Warum beschäftigen Sie sich denn bloß mit so etwas Negativem?

Sie ließ mich unterschreiben, daß ich in diesem Archiv nicht das Recht habe, Suchkarteien zu benutzen,

12

nur das lesen dürfe, was sie mir zuteile, und ohne die Erlaubnis des Archivs keine Einzelheiten veröffentliche.

Dann gab sie mir einen Termin für den ersten Lesetag im Archiv.

An diesem ersten Lesetag zeigte ich am Eingang des Archivs wieder meinen Personalausweis, bekam einen Passierschein, weil mein Name auf der Liste der erwarteten Leser stand, zeigte den Passierschein dem wenige Meter entfernt im Innern stehenden Polizisten, der alles noch einmal prüfte, fuhr im Fahrstuhl in die Etage des angegebenen Lesesaals.

Ich ging hinein und meldete mich bei der Aufsicht. Der in diesem Lesesaal Aufsicht führende Archivangestellte sah in die Liste der erwarteten Leser, fand meinen Namen und bat mich, meine Sachen draußen vor der Tür in ein Schließfach einzuschließen.

Ich schloß meine Sachen bis auf einen Kugelschreiber und Papier in ein Schließfach und ging mit dem Schlüssel dieses Schließfachs, dem Papier und dem Kugelschreiber in den Lesesaal zurück. Der Aufsichtführende gab mir nun einen zweiten Schlüssel mit einer Nummer und führte mich in den Nachbarraum zu einem andern Schließfach mit meiner Schlüsselnummer, schloß auf und zeigte mir die Akten, die ich lesen durfte.

In jeder Akte lag ein Laufzettel.

Er sagte mir, daß ich jedesmal, wenn ich in einer Akte gelesen habe, auf dem Laufzettel mit Datumsangabe unterschreiben müsse.

Ich nahm alle Akten, schloß ab und ging mit den beiden Schlüsseln, dem Papier und dem Kugelschreiber zu einem Sitzplatz, den ich mir selbst wählen durfte.

In der Rückwand des kleinen Lesesaals befand sich das große Fenster, das ich schon kannte. Dahinter sah ich die Wissenschaftlerin arbeiten, und sie sah mich.

Draußen hörte ich die Straßenbahn kreischen und die Vögel auf dem Dach tschilpen.

Über vier Jahrzehnte kein Krieg mehr in Deutschland, das es so wie in diesen Akten gar nicht mehr gibt, dachte ich und tauchte ein in die Welt der Angst, des Verrats und der gnadenlosen Verfolgung.

Vieles wußte ich nicht.

Vieles wußte ich anders.

Nun weiß ich mehr als diese Menschen vor 55 Jahren, 1933 oder 1940, dem Jahr meiner Geburt, dem zweiten Jahr des zweiten Weltkriegs, angefangen von einem Führer und seinen Geführten, getragen von den Vätern, Müttern, Kindern, Nachbarn in der Straßenbahn, den Frauen mit dem Mutterkreuz und denen, die es verliehen. Getragen von den Pflichtverteidigerinnen: für die zum Tode verurteilte Studentin, die ein Flugblatt gegen den Führer verteilt hatte, die zum Tode verurteilte Lichtspielhausangestellte, weil sie Geld für politische Gefangene gesammelt hatte, die zum Tode verurteilte Kontoristin, weil sie gemeinsam mit ihrem Mann einen illegal arbeitenden Zeitungsherausgeber beherbergt und gepflegt und die Wachsmatrizen von Berlin ins Ruhrgebiet gebracht hatte (in der Eisenbahn sitzend neben dir, neben mir), in einer Einkaufstasche der gefährliche Briefumschlag, den niemand mehr fand, als die Zeitung schon kursierte, verschickt an die gesammelten Feldpostnummern, gelesen von den Soldaten, Ehemännern und Söhnen in den Erdlöchern der überfallenen

Länder, dann entdeckt vom Mitglied eines Erschie-
ßungskommandos, der den schändlichen Text nicht
weiterlas, gerichtet gegen Führer – Volk – Vaterland
sowie gegen die heiligsten Werte des Irgendwas war
da wohl verletzt worden oder konnte es werden, auf
jeden Fall mußte es mit Stumpf und Stiel ausgerottet
werden, das meinte auch der Präsident des Volksgerichtshofs, der die Angeklagten anschrie, demütigen
wollte, aber nicht konnte, denn sie hatten niemanden
verraten, sie hatten die Schuld auf sich genommen
und waren doch unschuldig.

Und die Frauen, die Schuld hatten?

Die Anzeige erstatteten?

Judas als Frau?

Die Evakuierte aus Hamburg, eine Lehrersfrau, die
ihre Gastgeberin denunzierte.

Und die Bäuerin, die ihren Gast verriet, eine Kran-
kenschwester aus Berlin.

Ich habe ihre Namen gelesen; wenn die Opfer
Juden waren, auch ihre drei Fotografien in der Gnadenakte angesehen. Die Gnadenakte ist im Archiv-
band vor der Vollstreckungsakte eingeheftet.

In der Vollstreckungsakte ist bei Todesurteilen ein
Vordruck verwendet worden. Immer der gleiche, nur
Tag, Uhrzeit und Dauer des Tötungsaktes mußten
eingesetzt werden:

Datum.

Name des Verurteilten (wenn es sich um eine Frau
handelte, wurde das „s" am Ende des Wortes „des" in
ein „r" verbessert, mit einem Füller, denn mit Feder-
kiel schrieb man in den Büros nicht mehr und mit
Kugelschreiber noch nicht).

Um ... Uhr eröffnete der Vollstreckungsleiter dem
(das „m" gegebenenfalls in ein „r" verbessert) *Verur-*

teilten den Erlaß des Reichsministers für Justiz, daß
von dem Gnadenrecht kein Gebrauch gemacht wor-
den sei, und teilte ihm (oder „r" statt „m") *ferner*
mit, daß das Urteil heute um ... Uhr vollstreckt wer-
den werde. (Die einen solchen Vordruck ausgearbei-
tet hatten, besaßen sicher das Abitur. Sie konnten die
richtige grammatische Form für die Bezeichnung eines Ereignisses in der Zukunft verwenden.)

Werden werde.

(Absatz).

Der (jetzt war bei einer Frau die Veränderung von
zwei Buchstaben notwendig, also „Die") *Verurteilte*
verhielt sich während der Verkündung ruhig und ge-
faßt.

Der Bericht über die Hinrichtung ging auf der
Rückseite des Vordrucks weiter (im Krieg mußte ge-
spart werden – für einen Staatsfeind wurde nicht
eine Seite Papier verschwendet):

Um ... Uhr (das war meist zwei Stunden später,
aber da wurden schon Minuten angegeben: zum Beispiel 15.08 Uhr) *wurde der* (oder „die") *Verurteilte,*
die Hände auf dem Rücken gefesselt, durch zwei Ge-
fängnisbeamte vorgeführt.

Der Scharfrichter (hier war der Name vorge-
druckt) *aus Berlin stand mit seinen drei Gehilfen*
bereit.

(Absatz).

Nach Feststellung der Personengleichheit des Vor-
geführten mit dem Verurteilten (hier war „s" bzw.
„m" nicht in „r" verbessert) *beauftragte der Voll-*
streckungsleiter den Scharfrichter mit der Vollstrek-
kung.

Der Verurteilte, der ruhig und gefaßt war, ließ
sich ohne Widerstreben auf das Fallbeilgerät legen,
worauf der Scharfrichter die Enthauptung mit dem

16

Fallbeil ausführte und sodann meldete, daß das Urteil vollstreckt sei.

Die Vollstreckung dauerte von der Vorführung bis zur Vollzugsmeldung ... Sekunden.

(Zwei Unterschriften).

Manchmal waren es sieben, manchmal acht Sekunden.

Wer hat auf die Uhr gesehen?

Der Scharfrichter selbst? Er hatte doch damals so viel zu tun, daß er sogar, wie einmal in den Akten vermerkt, Überstunden bezahlt bekam.

Der 6. September 1944 zum Beispiel war solch ein langer Arbeitstag, denn da war sieben Wochen vorher, am 20. Juli, das Attentat auf Hitler gescheitert. Die Beteiligten mußten aufgehängt oder enthauptet werden.

Und immer hat dabei ein Anwesender auf den Sekundenzeiger gesehen. In keiner Akte konnte ich eine zweistellige Sekundenangabe finden.

Am 6. September 1944 schrieb das Rechnungsamt des Volksgerichtshofs an die Geschäftsstelle der Reichsanwaltschaft beim Volksgerichtshof eine Rechnung für den Scharfrichter.

In der Strafsache ... sind für die Vollstreckung in Plötzensee folgende Kosten entstanden:

Für 10 Überstunden je 1,24 RM = 12,40 RM.

Der Justizangestellte, der bei der Verkündung und Vollstreckung der Urteile anwesend war, reichte für diesen Tag vier Straßenbahnkarten ein: zweimal Plötzensee und zurück.

Denn zwischen Verkündung und Vollstreckung lagen vier Dienststunden, die er nicht ungenutzt verstreichen lassen wollte. So mußte ihm das Rechnungsamt des Volksgerichtshofs 0,80 RM anweisen.

Warum ich das alles erwähne?

Es sind deutsche Buchstaben, auf einer Schreibmaschine geschrieben, mit der Unterschrift eines Menschen, der Deutsch spricht, so wie ich es spreche, der Straßenbahn fährt, aussteigt, einen Dienstausweis vorzeigt, oder vielleicht nicht? Denn sie kennen ihn schon am Einlaßdienst der Hinrichtungsstätte, ein Mensch, der hineingeht, sich hinsetzt, oder stehenbleibt? Und zusieht, wie einem Menschen der Kopf abgeschlagen wird.

Der unterschreibt als Zeuge, sich umdreht und an diesem Tag zum zweiten Mal von Plötzensee zurückfährt.

Weil es nachmittags ist, geht er vielleicht gleich nach Haus.

Dort steht die Frau in der Küche, ein Kind war am Vormittag in der Schule und besucht jetzt vielleicht eine Veranstaltung der Hitlerjugend, sammelt Knochen oder Altpapier, und der große Sohn ist vielleicht Soldat im Krieg, hat aus Rußland geschrieben mit einer Feldpostnummer.

Nein, 1944 schrieb der Sohn wohl nicht mehr aus Rußland, da war schon der Rückzug, aber so hieß sie nicht: die „Frontbegradigung".

Das Wort „Rückzug" durfte der Justizangestellte in diesem Zusammenhang nicht aussprechen, besser auch nicht denken, sonst ging es ihm wie der Frau eben auf dem Schafott: Sie hatte am Sieg gezweifelt, hatte etwas ausgesprochen oder in einem Brief geäußert, was zwar viele dachten, aber nicht sagten oder schrieben, oder sie hatte gewußt, daß jemand ein Flugblatt über Deutschlands hoffnungslose Kriegslage verteilt, und ihn nicht angezeigt.

Er aber, der Justizangestellte, brauchte um sein Leben nur bei den Bombenangriffen auf Berlin zu fürchten, denn an die Front mußte er nicht: Ein unabkömmlicher Beamter.

Seine Aufgabe war: zusehen, nichts erzählen, schweigen. Denn die meisten Hinrichtungen waren geheim.

Es gab zwar Berechtigungen zum Zusehen, aber die waren personengebunden und mußten vom Empfänger, zum Beispiel dem Pflichtverteidiger, vernichtet werden, wenn er nicht beabsichtigte, davon Gebrauch zu machen. Sie kamen in einem doppelten Umschlag: „Vertraulich" der äußere, „Persönlich" der innere.

Als ich, erschöpft von Mitleid, Verachtung und Grauen, zum ersten Mal nach Stunden von den Akten aufsah und den Aufsichtsbeamten fragte, wo ich einen Kaffee trinken könnte, sah ich hinter der Scheibe auch die Wissenschaftlerin aufstehen. Ich unterschrieb auf dem Laufzettel der Akten, legte sie ins Schließfach zurück, gab den Schlüssel bei der Aufsicht ab, ging hinaus in den Flur zu den andern Schließfächern, um mir Geld aus meiner Tasche zu holen.

Da stand sie schon und wartete auf mich.

Ich habe Sie weinen gesehen, sagte sie, es ist wichtig, daß Sie mit Ihrer Arbeit den Haß wecken. Oft schicke ich meine jungen Mitarbeiter zu Prozessen gegen Kriegsverbrecher, die sich noch bei uns versteckt hielten. Ihr müßt sie hassen, sage ich zu ihnen. Wenn Sie wollen, verschaffe ich Ihnen eine Besuchserlaubnis für ein Zuchthaus. Bis vor kurzem hat doch noch so einer unter falschem Namen als Oberbuchhalter bei uns gelebt, der hat nun lebenslänglich Zuchthaus. Wollen Sie ihn sprechen?

Aber der Mann ist doch wegen seiner Teilnahme

an Massenerschießungen verurteilt, nicht wegen Denunziation, sagte ich.

In den nächsten Tagen werden Sie Akten zugeteilt bekommen, die Ihnen zeigen, wie wir mit den Naziverbrechern aufgeräumt haben. Sie werden die Prozeßakten über die SA-Schläger der Köpenicker Blutwoche lesen, die bei uns vor Gericht standen. Sie werden sehen, daß viele namentlich bekannte Täter von den Westzonen nicht an uns ausgeliefert wurden, obwohl wir sogar den Aufenthaltsort wußten und ihn im Auslieferungsersuchen mitgeteilt haben.

Die Denunziantinnen sind auch namentlich bekannt, sagte ich. Sie wissen doch: In den Akten, zum Beispiel in Protokollen von Haussuchungen, erscheinen hin und wieder Vermerke von Polizeibeamten mit einer wichtigen, für das Opfer tödlichen Einzelheit, dem letzten Glied in der Beweiskette. Gesagt hat das eine Frau. Der Polizeibeamte nennt Namen und Adresse der Frau.

Aber sie wolle vor Gericht nicht genannt werden, steht im Protokoll, weil sie eine Verwandte des Opfers ist, dessen Kollegin oder Nachbarin und nicht schlecht angesehen werden möchte in Zukunft.

Ich finde, die Akten müßten auch daraufhin einmal durchgesehen werden, sagte ich. Diese Frauen leben vielleicht noch. Und man kann sie nicht zur Rechenschaft ziehen, weil ihr Vergehen noch immer unbekannt ist.

Wir wühlen doch nicht im Privatleben unserer Bürger, antwortete sie. Und nach einer Pause: Wir haben Tausende Naziverbrecher, auch Denunzianten, vor Gericht gestellt und zu hohen Zuchthausstrafen verurteilt, darum versuchten doch so viele in den Westen zu entkommen.

Gibt es Zahlenvergleiche? Vielleicht in einem Buch?
Ja, aber Sie können mir auch so glauben.

Ich glaube Ihnen, aber mich interessieren Einzelheiten. Haben Sie hier im Archiv auch Akten von Nachkriegs-Prozessen gegen Denunziantinnen der Nazizeit?

Ihr Quellenstudium in diesem Archiv ist auf die Volksgerichtshof-Akten begrenzt. Sie müßten einen neuen Antrag stellen und begründen. Vielleicht gewähren Ihnen das Staatsarchiv oder die Generalstaatsanwaltschaft Akteneinsicht.

Die nächsten Monate lebte ich in zwei, dann in drei unterschiedlichen Welten:

Tagsüber im Archiv: in den zwölf Jahren zwischen 1933 und 1945 in Deutschland.

Abends, nachts und früh zu Hause in einem Hochhaus Berlin-Mitte: im Alltag, mit einer Zeitung und sechs Fernsehsendern, aber nur zwei davon aus dem Land, das mir manchmal die Ausreiseerlaubnis erteilt, zu einer Lesung zum Beispiel oder einer Diskussion jenseits der Grenze.

Eine solche Ausnahmeerlaubnis bekam ich während der Erlaubnis, in dem Archiv zu arbeiten. Welche der beiden Ausnahmeerlaubnisse war schwerwiegender, unwiederbringlicher? Die, in eine gegenwärtige andere Welt, oder die, in eine vergangene andere Welt zu sehen?

Ich entschied mich nicht zwischen den Heuhaufen, ich versuchte, beide zu fressen:

Montag, Mittwoch und Freitag ging ich zu Fuß in das Archiv. Dienstag, Donnerstag und Sonnabend dagegen füllte ich morgens eine gelbe Zählkarte und einen Zollschein aus, fuhr mit der S-Bahn zum Bahnhof Friedrichstraße, ging, als ob es normal ist, durch den Grenzübergang im Glaspalast, fuhr mit der Untergrundbahn vom Bahnhof Friedrichstraße zwei Stationen zum Halleschen Tor, stieg dort in die Linie 1 um und fuhr mit Kreuzbergern, vielen Türken und Studenten, drei Stationen bis Kurfürstenstraße, stieg in den Bus um und fuhr von dort zur Staatsbibliothek. Ich ging vorbei an Hunderten von Fahrrädern, kam ohne Ausweis in das Gebäude, gab meine Tasche an der Garderobe ab, passierte ein Drehkreuz, an dem die Herauskommenden ihre entliehenen oder schon mitgebrachten Bücher vorwiesen, stieg hinauf zum Lesesaal und gelangte zu den Karteikästen, zu den Regalen und dann zu einem der vielen hundert Arbeitstische, um in Büchern zu lesen, die ein eifriger Zöllner bei der Rückkehr bestimmt sichergestellt hätte.

So verstand ich Montag, Mittwoch und Freitag mehr von dem, was ich Dienstag, Donnerstag und Sonnabend las.

Und Dienstag, Donnerstag und Sonnabend dachte ich an die konkreten Beispiele, die ich Montag, Mittwoch und Freitag in Berlin-Mitte gelesen hatte, und verstand sie besser einzuordnen.

Denn es gibt nur eine Welt.

Eines Tages las ich im Archiv die Volksgerichtshof-Akte der jüdischen Widerstandsgruppe Baum. Darin ein kleines rotes Plakat:

Mit dicken schwarzen Buchstaben die Mitteilung über die Hinrichtung. Name und Alter. Sie waren einundzwanzig, zweiundzwanzig Jahre alt. Ich nahm das Blatt heraus und legte es auf den Tisch. Da kam der Aufsicht führende Archivangestellte, aufmerksam geworden durch das schreiende Rot, und sah sich das Plakat an.

Ich habe dieses Plakat damals gesehen, sagte er

verwundert, als Kind. Ich mußte einmal meinem Vater Bier aus der Kneipe holen. Da hing dieses Plakat an der Wand neben dem Tresen. Ich kann mich genau erinnern. Die Namen und das Alter, alle nur so zwanzig Jahre alt.

Was ist eigentlich über Freislers Biographie bekannt, wann ist der genau gestorben, fragte ich den Aufsichtführenden.

Da müssen Sie mal in diesem Buch nachsehen. Er reichte mir aus dem Regal hinter seinem Schreibtisch „Wer war wer im Dritten Reich", mit dem Untertitel „Ein biographisches Lexikon. Anhänger, Mitläufer, Gegner aus Politik, Wirtschaft, Militär, Kunst und Wissenschaft".

Im Original erschien das Buch in London 1982 unter dem Titel „Who's Who in Nazi Germany". Über Robert Wistrich, den Autor der fast 400 Biographien, wird in der Vorbemerkung gesagt, daß er sechs Jahre lang Herausgeber des auf die Geschichte des Nationalsozialismus spezialisierten und in London erscheinenden „The Wiener Library Bulletin" war, verschiedene wissenschaftliche Publikationen zum Thema Faschismus veröffentlicht hat und heute Professor und Mitglied des „Institute for Advanced Studies" der Hebrew University in Jerusalem ist.

Ich schlug Freislers Biographie auf.

Meine Stichpunkte:

1893 in Celle als Sohn eines aus Mähren stammenden Diplomingenieurs geboren und am 3. Februar 1945 mit zweiundfünfzig Jahren durch einen Bombenangriff der Alliierten ums Leben gekommen.

In Aachen und Kassel aufgewachsen, in Jena Jura studiert.

Im ersten Weltkrieg 1915 in russische Kriegsgefangenschaft geraten, mehrere Jahre in Sibirien festgehalten, lernte fließend Russisch, wurde – so steht es im Lexikon – bolschewistischer Kommissar und überzeugter Kommunist (Hitler habe ihm diesen Aspekt seiner Vergangenheit nie ganz verziehen).

1920, also mit siebenundzwanzig Jahren, verließ er die Sowjetunion, beendete in Jena das Jurastudium, promovierte schon 1921, also ein Jahr nach der Rückkehr aus der Sowjetunion, ging als Anwalt zuerst nach Karlsbad und dann nach Kassel.

1925 wurde er Mitglied der NSDAP, 1932 deren Abgeordneter im Preußischen Landtag und 1933 im Reichstag.

1934 bis 1942 war er Staatssekretär, zuerst im preußischen, ab 1935 im Reichsjustizministerium.

Ab 1942 Präsident des Volksgerichtshofs. Er befaßte sich besonders mit Fällen von Hoch- und Landesverrat, worunter jede Art von Opposition fallen konnte.

„Er erwies sich", schreibt Robert Wistrich, „als wahrer Sadist im Richtertalar, der die Angeklagten mit Schmähungen überhäufte, bevor er sie in den Tod schickte, und seinem Ruf als brauner Wyschinskij alle Ehre machte. Die außergewöhnliche Brutalität, der Sarkasmus, die Verhöhnungen, mit denen F. seine Opfer (…) demütigte (…), zeigen, daß F. die in den späten dreißiger Jahren in der Sowjetunion gegen Altbolschewiken angewandten Schauprozeßtechniken nun seinerseits anwandte."

Beim Lesen dieser Zeilen hatte ich zunehmend das Gefühl, etwas Verbotenes zu tun und zu denken.

Ich bedankte mich und gab dem Aufsicht führenden Archivangestellten das Buch zurück, der es wieder in das Regal hinter seinem Schreibtischstuhl stellte.

Ich drehte mich zu der Wissenschaftlerin um, die wie immer an ihrem Arbeitsplatz hinter der Glasscheibe saß. Wir trafen uns in der Kantine.

Nun, was haben Sie heute gelesen, erkundigte sie sich.

Ich erzählte ihr von Freislers Biographie, die ihr sicher bekannt sei.

Vielleicht ist damit der Fanatismus dieses Mannes zu erklären, sagte ich. Er mußte sich und andern beweisen, daß er mit seiner Vergangenheit nichts mehr gemein hatte.

Sehen Sie, die Verleumdungen der bürgerlichen Historiker sind so geschickt, daß auch Sie darauf hereinfallen, sagte sie traurig.

Aber die Biographien basieren doch auf Dokumenten, auf Personalakten.

Wer nicht Sowjetbürger war, konnte unmöglich bolschewistischer Kommissar werden. Denken Sie doch mal nach. Eine solche Biographie veröffentlicht man nur, um uns zu schaden, sagte sie energisch. Damit Leute, die sich informieren wollen, zu genau den gleichen falschen Schlußfolgerungen kommen wie Sie jetzt. Nämlich: eine Gleichsetzung von Faschismus und Stalinismus.

Nein, sagte ich erschrocken, diese Schlußfolgerung habe ich doch gar nicht gezogen. Beide ließen sich von unterschiedlichen Ideologien leiten, einmal dem Rassismus und einmal ...

Man kann es überhaupt nicht vergleichen. Damit erhob sie sich. Die Frage ist falsch gestellt.

Sie ging.

Die Zeit, die ich im Archiv lesen durfte, war bald darauf beendet. Wir tranken keinen Kaffee mehr zusammen.

Als meine Ausreiseerlaubnis bis auf den Rest von einem einzigen Tag verstrichen war, ging ich an diesem letzten Tag zu einer im Lesesaal der Westberliner Staatsbibliothek Aufsicht führenden Bibliothekarin und bat sie, in ihrer Suchkartei nachzusehen, ob es im Bestand Berichte über Prozesse im Nachkriegsdeutschland gegen Denunziantinnen der Nazizeit gibt.

Sie nannte mir die möglichen Sachgebiete in den Regalen der Rechtswissenschaft. Ich suchte und las und suchte und las.

Ich fand die Gegenüberstellung, nach der ich im Archiv schon gefragt hatte (Rückert: NS-Verbrechen vor Gericht, Heidelberg 1984):

In der sowjetisch besetzten Zone Deutschlands, der späteren DDR, wurden danach bis 1949/50 insgesamt 7 210 NS-Täter verurteilt. 2 426 wegen Denunziation, 3 115 wegen Massenverbrechen, 901 als Angehörige der Gestapo und des SD, 147 Nazirichter und Staatsanwälte, 424 Menschen in leitenden Funktionen der Kriegs- und Rüstungsindustrie, 77 leitende Beamte und 120 Nazi-Beamte der örtlichen Organe.

In der amerikanischen, englischen und französischen Besatzungszone zusammen, also der späteren Bundesrepublik Deutschland, wurden 5 228 Verfahren gegen NS-Täter eröffnet, davon wurden bis 1950 aber nur 100 wegen Tötung auch verurteilt.

Am Ende dieses letzten Tages entdeckte ich ein 22 Bände umfassendes Werk, das alle Urteile sammelt, die westdeutsche Gerichte nach dem Krieg wegen Tötungsdelikte in der Nazizeit aussprachen. Die Universität Amsterdam hat dieses Riesenwerk mit Unterstützung bundesdeutscher Wissenschaftler zusammengestellt. Das Register fehlte noch. Auf zwölf verschiedene Arten, so ordneten es die holländischen

Historiker, konnte ein Mensch am Tod eines andern in der Hitlerzeit schuldig werden:

Die Denunziation hatte die Nummer 11.

Ich sah, daß ich Monate brauchen würde, um die Akten zu lesen, zu verstehen, in meinem Kopf zu ordnen.

Es war 20.30 Uhr, und die Tonbandansage begann mit der Aufforderung, die Arbeit in der Bibliothek bald zu beenden, weil die Staatsbibliothek pünktlich um 21 Uhr geschlossen werde. Ich hatte gerade das erste von fast 700 Urteilen gelesen:

Gegen die Frau, die nach dem 20. Juli 1944 den von ihr in der Jugend sehr verehrten, nun aber steckbrieflich gesuchten ehemaligen Oberbürgermeister von Leipzig, Goerdeler, verriet, dafür eine Million Reichsmark und einen Händedruck Hitlers erhielt und 1946 wegen Verbrechens gegen die Menschlichkeit mit sechs Jahren Zuchthaus bestraft wurde.

Die Namen der Angeklagten und Zeugen waren abgekürzt, um ihre Persönlichkeitsrechte zu schützen.

In fünf Minuten schließen wir die Bibliothek, sagte das Tonband.

Wie im Alptraum ist das, dachte ich:

Die Zeit ist um, und ich muß ein Buch zuklappen, das ich nicht lesen kann, weil zwischen dieser Bibliothek und meiner Wohnung eine Mauer gebaut wurde, weil Berlin und Deutschland geteilt wurden, weil Deutschland den zweiten Weltkrieg verlor, weil Deutschland den zweiten Weltkrieg anfing, weil Deutschland die Juden fast ausgerottet hat, weil Deutschland die Demokratie zerstörte, weil Deutschland mit dem Versailler Vertrag nicht zufrieden war, weil Deutschland den ersten Weltkrieg verlor, weil Deutschland den ersten Weltkrieg begann, weil

Deutschland Kolonien wollte, weil das Deutsche Reich gegründet wurde.

Aus allen diesen Gründen konnte ich am nächsten Tag in den 22 Bänden nicht weiterlesen.

Du bist unlogisch: Ohne diese Gründe gäbe es die Akten nicht.

Wieder zu Hause, schrieb ich zwei Briefe:

Den ersten an die Wissenschaftlerin im Archiv und den zweiten an den Schriftstellerverband.

Den Schriftstellerverband bat ich, ein neues, zeitlich begrenztes Visum zu befürworten, um weiter in der Westberliner Staatsbibliothek lesen zu dürfen.

Es wurde mir erlaubt, und ich konnte ein paar Monate später in den 22 Bänden die Verfahren gegen Denunziantinnen heraussuchen und lesen.

Die Wissenschaftlerin im Archiv bat ich um Einsicht in unsere Gerichtsakten von Verfahren gegen Denunziantinnen. Vielleicht schrieb ich zu formlos, denn ich erhielt keine Antwort.

Darum weiß ich über das Schicksal der Denunziantinnen in dem Teil des ehemaligen Deutschland, in dem ich nicht lebe, viel mehr als über ihr Schicksal in dem Teil, in dem ich lebe. Es sind meine eigenen Mitbürgerinnen. Und wenn sie nicht gestorben sind, dann leben sie noch heute.

Das ist absurd. Wollen Sie damit sagen, daß in diesem doch konsequent antifaschistischen Teil des ehemaligen Deutschland die Denunziantinnen in Sicherheit sind? Sie vergessen völlig, oder Sie verschweigen absichtlich das Entscheidende, nämlich, daß sich nach dem Krieg alle mit schlechtem Gewissen in den Westen abgesetzt haben. Wer hier blieb, war bereit zum Umdenken.

Ja: Immer bereit.

Das vierte Kind

Ein Jahr nach seinem Machtantritt ließ Hitler den Volksgerichtshof ins Leben rufen, ein politisches Gericht, das Gegner des Nationalsozialismus unter Anklage des Hoch- und Landesverrats stellte. Sein Präsident war ab 1942 Dr. jur. Roland Freisler, bis er bei einem Bombenangriff auf das Gerichtsgebäude im Februar 1945 umkam. Während seiner Präsidentschaft wurden 4951 politische Gegner zum Tode verurteilt. Viertausendneunhunderteinundfünfzig Menschen. Einer davon war Dr. Alois G.

Alois G. wurde 1890 als ältestes von sechs Kindern in einer bayrischen Bauernfamilie geboren. Nach Gymnasium, Medizinstudium und Promotion ließ er sich als Landarzt in Bayern nieder und lebte mit Frau und Kind in einem kleinen Dorf im, wie es damals hieß, „Gau Bayreuth".

Wegen der Bombenangriffe auf die deutschen Großstädte ab 1942 zogen viele Frauen mit ihren Kindern vorübergehend in die weniger gefährdeten ländlichen Gebiete, so auch die zweiunddreißigjährige Berlinerin Else N. mit ihren drei kleinen Kindern. Sie richtete sich in einer Jugendherberge in der Nähe der Praxis von Dr. G. ein. Kurze Zeit danach, im Juli 1943, erschien ihr Mann, der in Berlin arbeitete und sie regelmäßig besuchte, bei dem Arzt und bat ihn, gelegentlich nach seiner Frau zu sehen und sie bei der Wahl der Hebamme zu beraten, denn sie erwarte im Oktober ihr viertes Kind.

Der Arzt versprach das dem Mann, der in Wehrmachtsuniform gekommen war, und besuchte Frau N. zweimal. Das erste Mal Ende Juli und das zweite Mal Anfang August 1943.

Drei Monate später war er schon hingerichtet, auf Grund der Aussagen seiner Patientin.

Nach der ersten Untersuchung, schon im Gehen, hatte der Arzt zu Else N. gesagt, sie habe Mut, sich „jetzt noch ein Kind zuzulegen", denn wenn „es schiefgehe" (er meinte den Krieg, nicht die Geburt), stehe es schlimm um sie alle.

Auf den Einwand seiner Patientin, daß sie vom Sieg überzeugt sei, hatte der Arzt zu bedenken gegeben, daß doch immerhin, zumal nach den Ereignissen in Italien, der Krieg auch verloren werden könne. Besonders schlimm wäre, wenn „die Russen siegten", denn das würde den „physischen Tod der Deutschen als Volk" bedeuten. Demgegenüber sei eine Niederlage durch die Engländer und Amerikaner das kleinere Übel.

Als seine Patientin in diesem ersten Gespräch entgegnete, die Engländer und Amerikaner „fräßen das Land ja jetzt schon auf", antwortete er, sie stehe zu sehr unter dem Eindruck der „gefärbten Propaganda".

Auf den erschrockenen Ausruf der Frau, was ihnen denn (sie dachte wohl an ihren Mann) im schlimmsten Falle geschehen könne, antwortete er: „Die in exponierten Stellungen sind, kommen natürlich zuerst dran – denn dann gibt es ein Massenkatyn."

Das Verhängnis für Alois G. begann mit einem Irrtum:

Der Ehemann der Else N. aus Berlin war zwar in der Uniform der Wehrmacht zu dem Landarzt gekommen, er arbeitete aber als Oberbannführer der Hitlerjugend. Das wußte Alois G. nicht, als er die Hausbesuche versprach.

Erst bei den Besuchen erfuhr der Arzt von der Funktion des Mannes, war also vorher nicht gewarnt.

Das meiste gab der Arzt in der Verhandlung vor Freislers Volksgerichtshof zu.

Freisler war überzeugt, daß der Arzt noch mehr gesagt hatte, nämlich alles, was in Frau N.s Anzeige stand. Aber er stützte sich nur auf das Geständnis des Arztes, um, wie er sich im Urteil ausdrückte, „nicht ohne Not die schwangere Frau der weiten Reise als Zeugin nach hier auszusetzen". Freisler meinte die weite Reise von Bayern nach Berlin.

Im gesamten Prozeß gab es nicht eine Gegenüberstellung der Zeugin und des Angeklagten, sondern nur eine nachträgliche Vernehmung der Frau durch einen Staatsanwalt, der deshalb eine Dienstreise von Berlin nach Bayern unternehmen mußte.

Eine Äußerung, die sie bei der Geheimen Staatspolizei zu Protokoll gab, leugnete G. im gesamten Prozeß: daß die politische Führung, zu der ihr Mann gehörte, im Falle einer deutschen Niederlage umgebracht würde.

Sie sagte wörtlich bei der Gestapo: „In meiner Bestürzung machte ich noch die Bemerkung, wenn das kommen würde, würde doch alles sofort verbrannt werden, so daß man im einzelnen die Betätigung der Menschen in der Bewegung gar nicht mehr feststellen könnte." Darauf habe der Arzt erwidert: „Dafür sorgen dann schon die Nachbarn." Er meinte damit, so verstand es jedenfalls die Zeugin Else N., daß „durch Angeberei alles aufkomme".

Sie habe daraus geschlossen, erklärte sie bei der Geheimen Staatspolizei, daß Dr. G. Auslandssender hörte.

„Hast du Worte für dieses Schwein?" sagte sie zu der BDM-Führerin im nahe gelegenen Regensburg, der sie über ihr erstes Gespräch mit dem Arzt berichtete.

Anschließend schrieb sie es ihrem Mann. Er schrieb zurück, sie solle sich genau erinnern, auch beim nächsten Arztbesuch gut zuhören und ihm wieder berichten, damit er es an die richtige Stelle leiten könne.

Die Herbergseltern, bei denen sie wohnte und denen sie davon erzählte, rieten von einer Anzeige ab. Der Arzt würde sicher alles abstreiten.

Sie verteidigte ihr Vorhaben: Hier gehe es nicht um „Angeberei", sondern um „das Ganze".

Deshalb erzählte sie auch dem Bannführer der Hitlerjugend aus der nahe gelegenen Kleinstadt, einem Polizeimeister, davon, als der sie besuchte.

Seine Ansicht, daß „diesem Menschen auf die Finger geklopft" werden müßte, teilte auch die NSV-Schwester: Es sei höchste Zeit, „dem Burschen das Handwerk zu legen", denn einem verwundeten Soldaten gegenüber habe er sich ähnlich geäußert.

Bei seinem ersten Besuch, so gab Else N. zu Protokoll, habe sie zu Dr. G. gesagt: „Herr Doktor, damit werde ich jetzt gar nicht fertig." Er erwiderte: „Tun Sie mir den einen Gefallen und sprechen Sie mit niemand über unsere Unterhaltung."

Aber sie sprach eben doch.

Aufgrund der Anzeige wurde Dr. G. von der Geheimen Staatspolizeistelle Regensburg vernommen und auf Weisung des Reichssicherheitshauptamtes an den Volksgerichtshof überstellt: am 3. September

1943, sieben Monate nach der Schlacht bei Stalingrad. In Italien war einen Monat zuvor Mussolini gestürzt und eine Regierung ohne faschistische Mitglieder gebildet worden.

Am Tag, als Dr. G. im Einzeltransport von Bayern nach Berlin gebracht wurde, unterschrieb das vormals verbündete Italien den Waffenstillstand mit den Alliierten. Fünf Tage später gab Eisenhower das bekannt. Ob Dr. G. noch davon erfuhr?

Am 6. September 1943 schrieb die Gauleitung Bayreuth an den Volksgerichtshof einen Brief mit der Bitte, ob die Hauptverhandlung gegen den Arzt nicht im Gau selbst durchgeführt werden könne, da sich der Gauleiter davon eine besondere Wirkung in der Öffentlichkeit verspreche.

Diese Bitte mußte abschlägig beschieden werden, weil die Verhandlung bereits am 8. September in Berlin stattgefunden hatte, Alois G. schon zum Tode verurteilt und nach Plötzensee überführt war.

Der Staatsanwalt hatte während der Verhandlung am 8. September vergeblich eine Vertagung beantragt, damit die nicht geladene und darum auch nicht anwesende Zeugin Else N. vor Gericht gehört werden könne. Außerdem hatte er als Strafmaß „nur" zehn Jahre Zuchthaus und zehn Jahre Ehrverlust für den Angeklagten gefordert. Freisler lehnte diese Anträge ab und verkündete statt dessen die Todesstrafe.

In die Akte ist direkt hinter das Todesurteil eine entschuldigende Stellungnahme des Staatsanwaltes eingeheftet, maschinengeschrieben mit handschriftlichen Korrekturen: Warum er am 8. September überhaupt eine so milde Strafe gefordert habe. „Mit Rücksicht auf die schwerwiegenden Bekundungen, die die Ehefrau Else N. im Vorverfahren gemacht hat, ist die Sache seinerzeit in das Schnellverfahren übernommen worden. Nachdem aber diese wichtige Tatzeugin entgegen meinem Antrag weder zur Hauptverhandlung geladen noch durch einen beauftragten Richter vernommen worden war, hatte mein Sitzungsvertreter auf meine Weisung unter Zugrundelegung der eigenen Einlassung des Angeklagten in der Hauptverhandlung nur" – dieses *nur* ist eingefügt – „eine Zuchthausstrafe von zehn Jahren mit entsprechendem Ehrverlust beantragt. Ich verkenne zwar nicht, daß das Verhalten des Verurteilten als Arzt gegenüber einer schwangeren Soldatenfrau außerordentlich verwerflich ist und, wenn" – das Folgende ist gestrichen: *die Bekundungen der Ehefrau N. stimmen sollten und* – „die von dem Angeklagten bestrittenen weitergehenden Behauptungen der Ehefrau N. zutreffen sollten, die Vollstreckung der Todesstrafe durchaus am Platze wäre. Es erscheint mir jedoch nicht" – Einfügung: *völlig* – „unzweifelhaft, ob bei der in dem Urteil festgestellten Form der Äußerungen" – *des Verurteilten* ist gestrichen – „eine Vollstreckung der Todesstrafe unerläßlich ist." – Handschriftlich geht es weiter: „Denn in dieser Gestalt lassen die Äußerungen des Verurteilten zwar einen äußerst verächtlichen Mangel an innerer Festigkeit erkennen, beseitigen indes – namentlich beim Fehlen sonstiger dem Verurteilten nachteiliger Feststellungen – nicht den letzten Zweifel, ob es ihm in der Tat, wenn auch nur bedingt, auf eine Verhetzung der Zeugin angekommen ist."

Zwei Tage später, am 10. September 1943, überreicht der Verteidiger Alois G.s, ein Berliner Anwalt aus dem vornehmen Südwesten Berlins, dem Reichsministerium für Justiz ein Gnadengesuch – „Eilt sehr, sofort", rot unterstrichen – mit der beglaubigten Abschrift eines politischen Führungszeugnisses, seinerzeit ausgestellt von dem zuständigen Ortsgruppenleiter der NSDAP für die U. K.-Stellung Dr. G.s.

„Leumundszeugnisse aus dem Heimatbezirk von Persönlichkeiten, die sich dazu bereit erklärt haben, werden nachgereicht", kündigt der Rechtsanwalt in seinem Brief an. Zunächst aber will er selbst noch etwas zur Verteidigung seines Mandanten sagen. Sein „Mandant wollte nur seiner Meinung über die Folgen eines verlorenen Krieges Ausdruck geben. Derartige Äußerungen sind aber nicht geeignet", meint der Anwalt, „wehrkraftzersetzend zu wirken, sondern im Gegenteil den letzten Widerstandswillen bei anderen zu erwecken." Aus diesem Grunde habe auch die Tagespresse und insbesondere der Reichsminister Dr. Goebbels in seinen Artikeln im „Reich" wiederholt darauf hingewiesen, welches „Schicksal Deutschland und jedem einzelnen Deutschen bevorstehen würde, wenn der Bolschewismus Einfluß auf die innerpolitischen Verhältnisse Deutschlands gewinnen" würde. Die Auffassung seines Mandanten über die Vorgänge in Italien sei „rein objektiv gemeint und eine Schlußfolgerung aus den in der Presse gegebenen Darstellungen".

Der Anwalt fügt hinzu: „Daß diese Schlußfolgerungen zutreffend waren, haben leider die letzten Ereignisse ergeben. – Auch die Bemerkung, daß Deutschland im Falle einer Niederlage von seiten der Engländer und Amerikaner eine bessere Behandlung erfahren würde, als wenn die Sowjets ausschlaggebend wären, ist nicht geeignet, wehrkraftzersetzend zu wirken, sondern der Ausdruck einer rein subjektiven Auffassung über die möglichen Folgen eines ungünstigen Ausgangs des Krieges. Auch Katyn ist in den Tageszeitungen wiederholt und eingehend erörtert worden, und zwar immer in dem Sinne, nicht mit dem Gedanken einer Selbstaufgabe zu spielen, wie es jetzt in Italien der Fall ist, sondern alles daran zu setzen, den Krieg siegreich durchzuhalten. Dr. G., ein durchaus ruhiger und politisch niemals hervorgetretener Mann, der selbst Mitglied der NSDAP ist, hat aus seiner ganzen Einstellung heraus niemals die Absicht gehabt, Deutschland und den deutschen Wehrwillen zu schädigen. In seinem großen Arbeitsbereich hat er sich auch niemals, wie noch beizubringende Zeugnisse ergeben werden, irgendwie staatsfeindlich oder auch nur teilweise ablehnend verhalten, sondern ist überall dort, wo es darauf ankam, als guter Deutscher in die Erscheinung getreten."

Der Verteidiger appelliert abschließend an das Ministerium, seinen Mandanten als gewissenhaften, tüchtigen, beliebten Arzt seinen zahlreichen Patienten zu erhalten.

Ich kenne den Grund nicht – vielleicht war der Entschuldigungsbrief des Staatsanwalts gar kein entschuldigender Brief, sondern wirklich ein Antrag, Else N. doch noch zu vernehmen, vielleicht hatte auch der Brief des Rechtsanwalts Erfolg – jedenfalls schrieb der Reichsminister für Justiz am 17. September 1943 an den Oberreichsanwalt beim Volksgerichtshof, daß die in der Hauptverhandlung abwesende Zeugin sofort „eingehend zu verhören" sei.

Noch am gleichen Tag geht ein Eilbrief an das zuständige Amtsgericht in Niederbayern, daß der beauftragte Reichsanwalt Dr. R. am 28. September um 13.37 Uhr in G. eintreffen werde und an einer gelben Aktentasche zu erkennen sei. Er beabsichtige, die Zeugin ab 15 Uhr in der etwa 6 km entfernt liegenden Ortschaft W. zu vernehmen, und bitte, diese zu benachrichtigen. Außerdem benötige er eine „tüchtige Schreibkraft". Vielleicht, schlägt er vor, könne sie schon am Zug auf ihn warten, und vielleicht beschaffe man auch ein Fahrzeug. Jedenfalls benötige er eine Übernachtungsmöglichkeit, da er erst um 4 Uhr des nächsten Morgens zurückfahren könne.

Am gleichen Tag schreibt der Reichsanwalt an den Kreisleiter der NSDAP in Z., mit dem er „wegen der Persönlichkeit des Verurteilten persönlich Fühlung aufnehmen" möchte. Er meldet sich für den 29. September, also einen Tag nach dem beabsichtigten Verhör, an und bittet um Nachricht an eine Adresse in Nürnberg, weil er sich vor der Vernehmung der Zeugin beruflich dort aufhalten werde.

Am 23. September erhält der Reichsanwalt von der Gauleitung der NSDAP eine merkwürdige Antwort: Die Zeugin werde am 28. September nicht mehr im Ort zu treffen sein, sie sei dann schon umgezogen. Der Ort liege nämlich 1 000 Meter über dem Meeresspiegel und sei im Winter durch die hohe Schneelage die meiste Zeit sehr schwer oder überhaupt nicht zu erreichen.

„Einer Familie", steht in diesem Brief der Gauleitung der NSDAP vom September, „welche solche Verhältnisse nicht gewohnt ist, ist deshalb ein solcher Aufenthaltsort den Winter über nicht zuzumuten, und es ist uns auf Bitten des Mannes der Frau Else N., des Oberbannführers N., gelungen, für seine Familie in (s. o.) eine entsprechende Unterkunft zu gewinnen. Der Umzug wird noch diese Woche vorgenommen."

Dem Reichsanwalt wird vorgeschlagen, die Fahrt von Nürnberg erst morgens 6.05 Uhr anzutreten, er sei dann 9.09 Uhr in P., 10.05 Uhr habe er Anschluß nach Z. und sei 11.47 Uhr dort. Um 14.30 Uhr könne man in der Kreisleitung der Partei mit ihm sprechen, anwesend sei dann auch der Ortsgruppenleiter. Mit dessen Kraftwagen könne man zu Frau Else N. fahren.

Bei dieser Gelegenheit möchte es aber der Gauleiter nicht unterlassen, den Reichsanwalt darauf hinzuweisen, „daß die Zeugin Frau Else N. hochschwanger ist und anfangs Oktober ihrer vierten Niederkunft entgegensieht".

Dem Amtsgericht sage er Bescheid, daß die Quartierbestellung entfalle.

Einen Tag vorher aber, also am 27. September, hatte der Reichsanwalt einen Brief vom Amtsgericht erhalten, daß alles wie gewünscht organisiert sei, die Frau benachrichtigt und das Quartier bestellt.

So kann sich der Reichsanwalt gegenüber der Partei durchsetzen. Er bittet die Staatsanwaltschaft Nürnberg-Fürth um eine Schreibkraft und legt als Vernehmungstermin den 28. September, 14 Uhr, also sogar eine Stunde vor der ursprünglich beabsichtigten Zeit, fest. Die NSDAP wird davon nur in Kenntnis gesetzt.

Zum Termin muß die Zeugin erscheinen, begleitet von ihrem, wie es heißt, „auf Dienstreise befindlichen" Ehemann.

Else N. war zum Zeitpunkt ihrer Tat zweiunddreißig Jahre alt.

Sie hatte ein Privatlyzeum in Hamburg besucht und war bis 1933, also bis zu ihrem 22. Lebensjahr, Kindergärtnerin. Weil sie langjähriges Mitglied des BDM, des nationalsozialistischen Bundes Deutscher Mädchen, war und schon vor „Hitlers Machtergreifung" Mitglied der NSDAP, stellte man sie nach der Machtübernahme oder Machtübergabe bei der DAF, der Deutschen Arbeitsfront, ein. Sie kam dann in den zollamtlichen Dienst und 1937 in das Personalamt der Reichsjugendführung, wo sie ihren Mann kennenlernte, den sie noch im gleichen Jahr heiratete.

Die Zeugin konnte sich bei der Vernehmung am 28. September an alles wörtlich erinnern. Sie wiederholte, ohne sich zu widersprechen, alle Aussagen, die sie einen Monat zuvor bei der Geheimen Staatspolizei gemacht hatte. So zum Beispiel ihre Bemerkungen, „Amerika und England helfen uns schon deshalb nicht, weil hinter ihnen der Jude steht", und „der Krieg ist eine jüdische Aktion gegen das deutsche Volk", und „dem Juden kommt es darauf an, die Mütter von den Kindern zu reißen", aber auch Dr. G.s Antwort darauf, „der Jude tut Deutschland nichts", sie stünde unter dem Einfluß der Nazipropaganda.

Er habe ihr geraten, dafür zu sorgen, daß ihr Mann aus seinem jetzigen Amt herauskomme, damit er nicht als erster „daran glauben" müsse.

Ihre Aussage schließt mit den Worten: „Ich beurteile das Verhalten des G." – nun war er für sie nur noch G. – „als eine unglaubliche Verhetzung, die ich um so gefährlicher bewerten mußte, als er den Mut aufbrachte, seine Machenschaften an mir als einer schwangeren Soldatenfrau zu erproben."

Sie brauchte ihm nie wieder unter die Augen zu treten, nachdem sie ihn verraten hatte.

Die Reichsärztekammer äußerte sich zweimal. Das erste Mal bescheinigte sie Dr. G., daß er seit 1936 oder 1937 Mitglied der NSDAP sei (Mitgliedsnummer 5 220 606) und bisher als „weltanschaulich einwandfrei" beurteilt werden mußte. Seine Landarztpraxis habe er seit 1932 (also seit elf Jahren). Man bitte um die Übersendung des Urteils.

Das Urteil wurde übersandt.

Daraufhin bedankte sich die Reichsärztekammer

verbindlichst und teilte mit, daß sie nicht beabsichtige, auf das Gnadengesuch Einfluß zu nehmen.

Im Briefkopf der Reichsärztekammer steht, daß sie eine Körperschaft des öffentlichen Rechts war.

Fünf Tage vor diesem Brief hatte Italien Deutschland den Krieg erklärt.

Am 23. Oktober 1943 schrieb ein Berufskollege Dr. G.s, ebenfalls ein bayrischer Landarzt, an den Berliner Verteidiger und fügte ein Leumundszeugnis bei. Er betont darin, daß er nicht ein einziges Mal bei den vielen Anfragen in dieser Sache die Bemerkung gehört habe: „Dem geschieht recht, eine Äußerung, die man bei ähnlichen Anlässen nur zu leicht hören könne" – dieses *nur zu leicht* ist in der Akte mit Rotstift und Fragezeichen versehen worden, vielleicht von jemand, der das Gnadengesuch zu bearbeiten hatte? – In diesem Falle beobachte man nur, schreibt der Berufskollege, „Bedauern über den Unglücklichen, Bestürzung über die Unbegreiflichkeit seiner Redeweise und allgemeines Bemitleiden, auch seiner Familie. Eine Nichtvollstreckung des Urteils würde eine seelische Befreiung bewirken und wäre psychologisch von nicht zu unterschätzender Bedeutung."

Dem Leumundszeugnis ist eine Erklärung beigefügt: Er selber sei ein alter Parteigenosse mit der ersten Mitgliedsnummer 19 000. Seine zweite laute 101 230. Er kenne Dr. G. aus den ersten Jahren der gemeinsamen Gymnasialzeit. Dieser sei immer ein „ruhiger, nach außen hin kaum in Erscheinung tretender Mann" gewesen, „ein Grübler, der allen Dingen auf den Grund ging, stets der Beste in der Klasse. Nie hat er sich zu jugendlichen Exzessen, ja kaum zu einem verzeihlichen Jugendstreich hinreißen lassen. Alle Fragen des Lebens und der Wissenschaft faßte er mit einem bis ins Kleinliche gehenden

Eifer an, ja, mit einer gewissen Pedanterie. Er war ein Wahrheitsfanatiker ohne aber die üble Eigenschaft eines Fanatikers, der die von ihm erkannte Meinung mit allen Mitteln der Beredsamkeit oder irgendwelchen Handlungsweisen bei andern durchzusetzen versucht, ohne die geringste Aggressivität, ein abgesprungener Theologe, der die Methoden des Klerikalismus verachtet. ... Er erfaßte die nationalsozialistische Idee etwas langsamer als andere."

Er, der Kollege, wisse aber, daß er „in allen Fragen mit Führer und Partei conform geht. Körperlich und seelisch geschwächt durch den schweren Beruf, Tag und Nacht in ärztlicher Bereitschaft bei schwierigstem Gelände, durch Schlaflosigkeit erregt, ist er in einem Zustand der Schwächung einer Unbedachtheit zum Opfer gefallen. Auf keinen Fall kann ich mir, der ich seine Persönlichkeit genau kenne, vorstellen, daß er mit seinen Äußerungen etwas zum Schaden des deutschen Volkes propagieren wollte."

Als sein Kollege diesen Brief schrieb, war Dr. G. schon im Zuchthaus Brandenburg und hatte dort noch acht Tage zu leben.

Am Tage vor seiner Hinrichtung wurde in Moskau eine Besprechung der Außenminister der Alliierten beendet, in der über die Zusammenarbeit bis zum Sieg über Nazideutschland, den Eintritt der Sowjetunion in den Krieg gegen Japan, die Gründung einer übernationalen Organisation und über allgemeine Entwaffnung nach dem Kriege verhandelt worden war. Man einigte sich, daß deutsche Kriegsverbrecher vor Gericht gestellt und in Österreich und Italien demokratische Verhältnisse errichtet werden.

Warum mußte Alois G. wegen ein paar Sätzen sterben? Warum war er unvorsichtig zu der Fremden?

Hat er sich ihr überlegen gefühlt in seinem weißen

Kittel? Oder unterlegen? Ein Bauernsohn der Städterin?

Oder hat er nur einfach seine Meinung gesagt, wie schon so oft? Niemand hatte ihn bisher angezeigt oder, wenn die Partei nachfragte, sich als Zeuge gegen ihn hergegeben. Alle hatten schließlich gewußt, wie er dachte. Warum war gerade diese Frau so gefährlich?

Wollte sie ihn vernichten, weil sie fürchtete, daß er recht hatte? Weil sie Angst vor der Zukunft hatte und nur ein Mittel dagegen wußte: Der Warner mußte weg, tot sein, schweigen, dann war alles nicht wahr, was er gesagt hatte, dann hatte er es nie gesagt, dann hatte sie es nie gehört? Dann würde es nie so werden, wie er prophezeit hatte?

Hat Alois G. die Gefahr nicht gespürt?

Als er von der Gestapo vernommen wurde, war es zu spät.

Er war wohl zu ehrlich und auch zu stolz, um alles abzustreiten, aber einen ungefährlicheren Sinn wollte er seinen Äußerungen doch geben.

So las ich im Vernehmungsbericht der Gestapo: „Seine Auslassung, daß Frau N. noch soviel Mut habe, in der jetzigen Zeit ein Kind zur Welt zu bringen, will der Angeschuldigte mehr als Anerkennung gedacht haben, zumal er nicht zum Ausdruck gebracht haben will, daß der Krieg verloren sei, sondern vielmehr, daß er noch nicht gewonnen sei. Mit ähnlichen Abschwächungen hat der Angeschuldigte auch seine übrigen Redensarten ausgelegt. Er will nicht gesagt haben, daß uns nur Amerika und England helfen könnten, sondern will solches nur in dem Sinne geäußert haben, daß schließlich Amerika und England noch das kleinere Übel wären. Der Angeschuldigte hat ferner eine Äußerung von ihm dahingehend, daß der Ehe-

42

mann der Frau N. aus dem Dienst ausscheiden solle, in Abrede gestellt. Immerhin hat er nicht abgestritten, der Frau N. in bezug auf ihren Ehemann erklärt zu haben, daß Leute, die derartige exponierte Stellungen hätten, im Falle einer Niederlage zuerst dran kämen. Der Angeschuldigte will mit seinem Gespräch überhaupt nur die Absicht einer rein theoretischen Erörterung der Folgen eines verlorenen Krieges gehabt haben und will sich bei seinen Äußerungen nichts weiter gedacht haben, – der Angeschuldigte ist bei der zuständigen Ortsgruppenleitung der NSDAP schon lange dafür bekannt, daß er in Ausübung seines Berufes defätistische Gespräche führt. Bisher konnten" – *indes* ist mit Bleistift eingefügt – „keine stichhaltigen Beweise dafür erbracht werden. Erst im Falle der Frau N. konnte er der gefährlichen Flüsterpropaganda überführt werden."

Auch Freisler sah in Alois G. eine Gefahr. Er schloß seine Urteilsbegründung vor dem Volksgerichtshof mit folgenden Worten: „Ein Arzt, der eine mit drei Kindern evakuierte schwangere Frau eines Soldaten, obgleich er wie G. Parteigenosse ist" – *jetzt ausgeschlossen* hat Freisler selbst in Klammern eingefügt – „in Ausübung seiner ärztlichen Betreuung diese Frau seelisch so mißhandelt, begeht auf sie einen nicht weniger infamen Angriff wie jener andere Verbrecher, der eine Frau in der Verdunkelung vergewaltigt." – Jetzt endlich weiß ich, warum mich dieser Satz verwirrte: *diese Frau* ist grammatisch überflüssig, ja falsch, als Überleitung zur Vergewaltigung taugt sie aber besser als eine zusätzlich noch schwangere. – „Seine Handlungsweise hat über die Erschütterung des Siegglaubens einer solchen deutschen Frau hinaus noch eine sehr gefährliche Breitenwirkung. Denn jede Erschütterung des Siegglaubens jedes Deutschen wirkt sich bei der Enge unseres nationalsozialistischen Gemeinschaftslebens leicht auf die Haltung anderer Volksgenossen aus. G., der als gebildeter Mann eine besondere Stütze der festen Haltung unserer Heimatfront sein müßte, hat sich durch diese Untergrabung unseres Wehrwillens" – *§ 5 KSSVO* steht als gesetzliche Begründung in Klammern, das ist die Kriegssonderstrafrechtsverordnung – „für immer ehrlos gemacht. Er mußte deshalb um unseres Sieges willen mit dem Tode bestraft werden."

Alois G. wurde am 1. November 1943 in Brandenburg mit dem Fallbeil hingerichtet. Zwei Stunden vorher teilte man ihm das mit.

Erst beim Schreiben fiel mir auf, daß in dem üblichen Vordruck „Um … Uhr wurde dem Verurteilten von der Ablehnung seines Gnadengesuchs und der bevorstehenden Hinrichtung Mitteilung gemacht" ein säuberlicher Strich mit dem Lineal war: Alois G. hatte nicht, wie viele andere, um Gnade gebeten.

Gegen die Herausgabe seiner Leiche und eine schlichte Erdbestattung war, wie in der Akte vermerkt ist, nichts einzuwenden. Die unleserliche Unterschrift eines SS-Obersturmbannführers der Staatspolizei, der über den entsprechenden Antrag der Ehefrau G. zu entscheiden hatte, steht am Schluß.

Von 1962 bis 1986 haben sechzehn Menschen diese Akte gelesen. Meine Unterschrift ist die siebzehnte.

Er hat das Kind, das er im Leib der Mutter mit seinen Händen fühlen und dessen Herztöne er als erster Mensch hören konnte, nie gesehen. Sie wird es im Oktober geboren haben. Und ihn töteten sie im November.

Es war sicher schon am Leben, als er starb.

Dies Kind kennt seine Hände und seine Stimme und hat alles im Bauch der Mutter gehört.

Ein Gespräch
in der Kleinbahn

Am späten Abend des 10. August 1943, fast vier Jahre nach Beginn des zweiten Weltkriegs, saß ein deutscher Invalidenrentner (Invalide des ersten Weltkriegs) mit seiner Frau in einem vollbesetzten Wagen der Nebenbahn von Altenheim nach Lahr und beteiligte sich am Gespräch, das seine ihm bis dahin unbekannte Nachbarin mit einer dritten Person über die Ernährungslage führte.

Dabei äußerte er sich abfällig über die nationalsozialistische Regierung, die damaligen Zustände in Deutschland und lobte Stalin.

Was er genau sagte?

Daran konnte sich später kein Mensch erinnern, auch nicht der Metzgermeister, der ihm gegenübersaß.

Fest steht: Er sprach abfällig über die Regierung. Und viele hatten zugehört, denn der Zug war vollbesetzt.

Keiner der Zeuginnen und Zeugen zeigte ihn an, auch die ihm bis dahin unbekannte Nachbarin nicht: die vierundvierzigjährige Frau aus Ottweiler an der Saar (verheiratet mit einem Kaufmann in Lahr, Mutter einer Tochter von achtzehn und eines Sohnes von vierzehn Jahren, parteilos, politisch nicht organisiert und nicht aktiv) zeigte ihn nicht an.

Sie erzählte es aber weiter, am nächsten Tag, auf der Straße.

Sie erzählte es der Frau des Gärtners, der früher ihren Garten bearbeitet hatte.

Dabei wußte sie, daß die zweiundfünfzigjährige Gärtnersfrau, die schon seit ihrer Geburt in Lahr lebte, Blockfrau der NS-Frauenschaft war, zuständig für den Wohnblock, in dem auch die Kaufmannsfrau wohnte.

Die Blockfrau kam fast täglich an ihrem Garten vorbei. Dabei unterhielten sie sich jedesmal ein wenig.

Auch am Tag nach dem Gespräch in der Kleinbahn unterhielten sie sich: über die Fliegerangriffe auf Mannheim und wie es nun weitergehen werde. Und da sie der Blockfrau schon öfter, wie sie es bezeichnete, „heikle Dinge" gesagt hatte, erzählte die Kaufmannsfrau auch von dem Mann in der Kleinbahn. Einen Namen nannte sie nicht, weil sie den ja gar nicht kannte. Außerdem hatte sie noch nie davon gehört, daß die Blockfrau etwas weitergeleitet hätte.

Sogar ein Mann mit zwei Abzeichen am Revers, eins von der Partei (NSDAP) und eins von der Sturmabteilung (SA), der im Zug an der Tür gestanden und sich an dem Gespräch beteiligt hatte, denunzierte den Invalidenrentner nicht:

Der Abzeichenträger wurde von den Zeugen später als ein Mann zwischen dreißig und fünfunddreißig Jahren beschrieben. Er habe die fraglichen Äußerungen als kommunistische Propaganda bezeichnet; der Mann solle ins Feld gehen und sich die Kugeln um den Kopf pfeifen lassen, dann werde er anders denken lernen. Der Abzeichenträger stieg in Lahr-Dinglingen aus, ohne etwas gegen den Invalidenrentner zu unternehmen. Dieser fuhr im Zug weiter, neben sich die ihm bis dahin Unbekannte, bis er plötzlich aus dem noch fahrenden Zug am Urteilsplatz in Lahr absprang.

Der Invalidenrentner wurde von der Blockfrau, die ihn weder kannte noch mit ihm in der Bahn gefahren war, am selben Tag, als sie die Geschichte von der Kaufmannsfrau erfuhr, oder am Tag danach, beim Kreisamtsleiter in der Kreisleitung denunziert. Als Zeugin benannte sie außer der Kaufmannsfrau auch den Metzgermeister. Die Frau des Kaufmanns war sich nach dem Krieg, als Angeklagte vor dem Gericht, nicht sicher, ob sie der Blockfrau bei dem Gespräch auf der Straße den Metzgermeister als weiteren Zeugen genannt hatte.

Aber woher sollte die Kreisleitung sonst von dem Metzgermeister gewußt haben?

Ein paar Tage später wurden die Frau des Kaufmanns und der Metzgermeister, unabhängig voneinander und ohne daß sie voneinander wußten, zur Kreisleitung bestellt und befragt:

Die Frau des Kaufmanns machte zunächst keine Angaben, erklärte, den Tatsachen entsprechend, sie müsse verreisen, und wurde deshalb entlassen.

Aber einige Tage später erschien bei ihr zu Hause ein Beamter der Geheimen Staatspolizei und wollte von ihr wissen, wer in der Kleinbahn auf das Dritte Reich geschimpft habe.

Es war der gleiche Beamte, der ein Jahr zuvor mehrmals ihren Mann verhörte, weil der sich unfreundlich über einen Kreisleiter geäußert hatte.

Sie fürchtete sich vor dem Beamten. Als sie sagte, den Mann im Zug nicht zu kennen, sollte sie nähere Angaben über sein Aussehen machen. Gleich beim ersten Mal oder auch bei einer späteren Befragung – sie wußte es fünf Jahre später als Angeklagte vor Gericht nicht mehr – zeigte ihr der Beamte der Geheimen Staatspolizei Fotografien des Invalidenrentners und fragte, ob das der Mann sei. Sie bejahte und erzählte auch Einzelheiten, nachdem ihr der Beamte der Geheimen Staatspolizei – wie sie vor dem Gericht nach dem Krieg zu ihrer Entschuldigung anführte – für den Fall zu ungewisser Auskünfte in scharfem und rücksichtslosem Ton mit Gefängnis gedroht hatte.

Außerdem habe der Metzgermeister schon alles genau dargestellt, sagte der Gestapomann.

Die ehemalige Blockfrau brachte nach dem Krieg als Angeklagte vor dem Gericht zu ihrer Entschuldigung vor, daß sie die strenge Anweisung hatte, jede negative politische Äußerung sofort zu melden. Sie habe es als ihre Pflicht angesehen, die staatsfeindlichen Äußerungen im Zug anzuzeigen, habe es aber nur sehr widerwillig getan.

Wenn die Frau des Kaufmanns ihr die Äußerungen nicht wiedergegeben hätte, hätte sie den ihr unbekannten Mann nicht anzeigen können. Sie habe ihm schließlich nicht schaden wollen.

Allerdings habe sie Angst vor erheblichen Unannehmlichkeiten gehabt, wenn sie die Anzeige unterlassen hätte und später herausgekommen wäre, daß sie informiert war:

Wenn zum Beispiel die Frau des Kaufmanns noch einem anderen Menschen etwas erzählt und dabei erwähnt hätte, daß sie, die Blockfrau, es auch schon wisse.

Außerdem hatte sie, die Blockfrau, vor der Anzeige alles schon der Frauenschaftsleiterin erzählt. Wenn sie selbst nicht zum Kreisleiter gegangen wäre, dann wäre eben die Frauenschaftsleiterin hingegangen.

Sie sei zu gewissenhaft und auch zu gutmütig gewesen, sagte sie nach dem Krieg als Angeklagte, um die Frau des Kaufmanns aufzufordern, die Anzeige selbst zu erstatten.

Aber immerhin habe die Frau des Kaufmanns zu ihr, der Blockfrau, sehr empört gesprochen und gemeint, die Sache gehöre angezeigt.

Das Gericht nach dem Krieg nahm der ehemaligen Blockfrau ihre Ausflüchte nicht ab. Sie sei die Vertraute der Frauenschaftsleiterin gewesen und habe in Parteikreisen einen starken Rückhalt gehabt, so daß sogar der Kreisleiter persönlich ihre Tochter getraut habe.

Was für eine Gefahr, fragte das Gericht, sollte da von der Frau des Kaufmanns ausgehen, die wie ihr Mann nicht einmal Mitglied der NSDAP war und mit ihm schon das Fürchten vor der Geheimen Staatspolizei gelernt hatte?

Der Invalidenrentner kam zwei Wochen nach der Denunziation in sogenannte Schutzhaft.

Ein halbes Jahr später wurde er vom Oberlandesgericht Stuttgart, das in Offenburg tagte, wegen Vorbereitung zum Hochverrat und Zersetzung der Wehrkraft zu zwei Jahren Zuchthaus verurteilt.

Vor dieser Verhandlung hatte die Tochter des Invalidenrentners im Gerichtsgebäude und nach der Verhandlung in der Bahnhofshalle in Lahr Zusammenstöße mit der Frau des Kaufmanns. Sie beschuldigte diese, ihren Vater angezeigt zu haben.

Im Gegensatz zur Tochter hat die Frau des Invalidenrentners nicht gehört, was die Kaufmannsfrau vor Gericht gegen ihren Mann aussagte (steht im Urteil nach dem Krieg). War sie nicht bei der Verhandlung dabei? Oder sind die Zeugen einzeln befragt worden?

Zur Verbüßung der Strafe wurde der Invalidenrentner in das Zuchthaus Ensisheim gebracht.

Nach sechs Monaten (inzwischen war schon ein ganzes Jahr seit dem Gespräch in der Kleinbahn verstrichen) kam er in die Untersuchungshaftanstalt Berlin-Moabit, weil der Oberreichsanwalt bei dem Präsidenten des Besonderen Senats beim Volksgerichtshof gegen das angeblich zu milde Urteil Einspruch erhoben hatte.

Drei Monate später, Ende November 1944, konnte aber die vor diesem Besonderen Senat festgesetzte Hauptverhandlung nicht stattfinden, weil alle Zeugen, vor allem auch die Frau des Kaufmanns, nicht erschienen waren.

Um sich vor ihrer Zeugenaussage bei der Verhandlung zu drücken, bei der sie wieder vereidigt worden wäre und die Wahrheit hätte sagen müssen, reichte die Frau des Kaufmanns ein ärztliches Attest ein. Das sagte sie nach dem Krieg vor Gericht als Angeklagte.

So konnte zwar keine strengere Strafe gegen den angeblichen Wehrkraftzersetzer und Hochverrat Vorbereitenden ausgesprochen werden, aber man brachte den inzwischen Achtundfünfzigjährigen in das KZ Dreibergen bei Bützow in Mecklenburg.

Bis zur Befreiung dieses Lagers durch sowjetische Truppen im Mai 1945 mußte er noch ein halbes Jahr dort zubringen.

Erst ein weiteres halbes Jahr danach, im November 1945, kam er wieder nach Haus, mit Lungentuberkulose, in hoffnungslosem Zustand. Einen Monat später starb er: am 15. Dezember 1945, mit sechzig Jahren.

Drei Jahre später wurde seine Denunziantin, die ihn weder vom Namen noch vom Augenschein kannte, die von seinen Äußerungen nur auf der Straße gehört hatte, wegen Verbrechens gegen die Menschlichkeit vom Schwurgericht des Landgerichts in Offenburg zu vier Monaten Gefängnis verurteilt. Sie war inzwischen siebenundfünfzig Jahre alt.

Die Mitangeklagte, die dem Opfer unbekannte, inzwischen neunundvierzigjährige Kaufmannsfrau, die nie der Partei oder einer ihrer Gliederungen angehört hatte, politisch nie in Erscheinung getreten und auch nicht vorbestraft war, wurde freigesprochen, weil sie, wie das Gericht feststellte, nicht denunzieren wollte.

Im Urteil steht: Sie hat nur dumm geschwätzt.

Der „Tatort" ist die Bahnstrecke von Altenheim nach Lahr. Altenheim liegt in der Nähe von Offenburg und Lahr im süddeutschen Baden-Württemberg.

Der Invalidenrentner hatte an dem Tag, der über seinen baldigen Tod entschied, Geburtstag: Er wurde achtundfünfzig Jahre alt.

Geboren in einem Dorf bei Karlsruhe, lernte er mauern, und kurz nach seinem 29. Geburtstag mußte er als Infanterist in den ersten Weltkrieg. Aus dem vierjährigen Krieg kam er schwerkrank an Herz und Lunge zurück und wurde mit dreiunddreißig Jahren als 100%ig kriegsdienstbeschädigt anerkannt.

Noch zwanzig Jahre, bis 1938, also bis zu seinem 53. Lebensjahr, arbeitete er trotzdem. Als er das nicht mehr schaffte, mußte er mit seiner Familie von 280,– Reichsmark Kriegs- und Invalidenrente im Monat leben.

Vor der Hitlerzeit war er einige Jahre Mitglied der Kommunistischen Partei Deutschlands gewesen, und seine erste Ehefrau war Abgeordnete der KPD im Badischen Landtag.

Seine Mitfahrer am 10. August 1943, die er natürlich außer seiner Frau – er war inzwischen das zweite Mal verheiratet – allesamt nicht kannte und die später vor Gericht als Zeugen geladen wurden, berichteten, er sei etwas alkoholisiert gewesen.

Es war schließlich sein Geburtstag.

Beschwipst, brachte er es nicht über sich, in der Öffentlichkeit den Mund zu halten.

Aber warum saß er nicht zu Hause, als Gastgeber? Warum schimpfte er statt dessen in einer Kleinbahn auf das Regime? Vor Unbekannten?

Hatte er seinen Geburtstag woanders gefeiert? Vielleicht in seinem Geburtsort weiter nördlich bei Karlsruhe? Vielleicht hatten die Verwandten schon am Kaffeetisch die politische Lage besprochen?

Jetzt, 1943, schlugen die überfallenen Länder zurück.

Die Rote Armee hatte Stalingrad und Orel zurückerobert, nahte mit ihren Panzern; die britischen und amerikanischen Fliegerbomben zerstörten deutsche Großstädte im Ruhrgebiet, aber auch Lübeck, Berlin, Köln und Hamburg.

Dresden lebte noch.

Die nationalsozialistische Regierung begann, die nichtarbeitende Zivilbevölkerung aus den Großstädten zu evakuieren.

Während dieses Krieges, ohne Aussicht auf Frieden, saß der Mann, noch nicht alt, aber herz- und lungenkrank vom vorigen Krieg, in diesem Deutschland, für das er sich eine andere Regierung wünschte, saß er, an seinem Geburtstag, in der Kleinbahn spät am Abend auf dem Weg nach Haus:

Auf der einen Seite die lebhafte, ins Gespräch vertiefte junge Frau und auf der anderen Seite seine eigene Frau, die nicht auf das Gespräch im Zugabteil achtete und sich darum weder beim Offenburger Gerichtsverfahren gegen ihren Mann vor dem Kriegsende noch bei dem Offenburger Gerichtsverfahren

gegen die unbekannte Zugnachbarin und die unbekannte Denunziantin nach dem Kriegsende an Einzelheiten erinnern konnte.

Sicher kannte sie die politische Meinung ihres
Mannes zur Genüge.

Vielleicht hatte die Geburtstagsfeier sie schläfrig
gemacht.

Vielleicht unterschätzte sie die Gefahr, in die er
sich mit seinen Reden begab, jedenfalls warnte sie
ihn nicht, beruhigte ihn nicht. Sie hütete ihn nicht.

So ließ sie ihn allein mit seiner Verräterin.

Der unerreichbare Mann

Es ist Frieden.

Seit vier Jahren ist der Krieg vorbei.

Und ich muß sechs Jahre ins Zuchthaus.

Da werde ich eine alte Frau.

Heute, mit vierunddreißig Jahren, muß ich für sechs Jahre ins Zuchthaus. So lange, wie der Krieg gedauert hat.

Wenn ich vierzig bin, erst wenn ich vierzig Jahre alt bin, komme ich wieder heraus.

Ich werde eine alte Frau sein.

Wer soll mich dann noch heiraten?

Er?

Ihn würde ich nehmen, sofort.

Aber wie *er* gestern über mich gesprochen hat, im Zeugenstand, *er* Zeuge, ich Angeklagte:

Nicht ein einziges Mal hat *er* mich angesehen.

Ich dachte: Sprich weiter, daß ich wenigstens *deine* Stimme höre, wenn *du* mich schon nicht ansiehst. *Du* verachtest mich nicht, gib es zu, *du* haßt mich.

Er haßt mich – und ich kann es verstehen.

Ich habe *ihn* auch gehaßt. Ich habe *ihn* gehaßt, weil *er* mich verraten hat. Es hätte bei mir tödlich ausgehen können, genau wie bei *ihm*. Wir sind also quitt.

Er hat vergessen, daß wir quitt sind.

Gestern, als ich *ihm* zuhörte beim Gericht und *seinem* Blick begegnen wollte (ich mußte sehen, ob *er* mich noch liebt, vier Jahre hatte ich *ihn* nicht gesehen), spürte ich, daß *er* mit mir nicht fertig ist.

Liebe spürte ich bei *ihm* nicht, aber Gleichgültigkeit auch nicht. *Er* hat mit mir noch etwas auszumachen. Ich auch.

Und falls *er* verheiratet ist, wenn ich aus dem Zuchthaus komme – diesmal wird *er* sich scheiden lassen.

Er wird sich scheiden lassen, und *er* wird eine Zuchthäuslerin heiraten. Ich sage es *ihm* voraus.

Er müßte mich umbringen, um mich loszuwerden.

Doch die Zeiten sind anders. *Er* wird es nicht mehr so leicht haben wie ich damals. *Er* müßte Hand an mich legen, mich erwürgen, mich totschlagen.

Er wird sich hüten.

Und *er* wird mich immer in *seiner* Nähe haben:

Ich werde *ihn* nachts anrufen, werde in der Nachbarschaft von *ihm* ein Zimmer nehmen, werde mit *ihm* in der gleichen Straßenbahn fahren, wir werden den gleichen Weg zur Arbeit haben, denn ich werde im gleichen Betrieb arbeiten wie *er*, niemand kann mir das verbieten, ich werde *ihn* immer verfolgen.

Ich werde nachts auf *seinem* Balkon hocken, vor den geöffneten Balkontüren, und wenn *er* sich auf *seine* Frau legt, werde ich dabeisein.

Er wird mir nicht entfliehen, wenn ich aus dem Zuchthaus komme in sechs Jahren. Denn mich wird man nie wieder hinter Gitter bringen.

Ich werde einfach nichts mehr tun, was verboten ist. Oder was später plötzlich verboten ist.

Ich werde aus meinen Erfahrungen klüger werden. Zwar war damals nicht verboten, was ich tat, aber ein Jahr später – da war es plötzlich verboten, nur weil Deutschland eine andere Regierung bekam.

Erst bezahlten sie mich. Sie gaben mir achtzig Mark im ersten Monat, in den nächsten sechzig, damit ich ihnen etwas über bestimmte Leute berichtete, über ihre Gespräche und Meinungen. Wußten sie es nicht selbst? Vielleicht wollten sie es nur immer wieder hören?

Dann ließen sie mich im Stich. Als sie merkten, es geht zu Ende mit ihrer Macht, begannen sie ihre Flucht vorzubereiten, ihre Spuren zu vernichten, ihre Akten zu verbrennen. Die letzten drei Monate gaben sie mir nicht mal mehr Geld.

Und nachdem sie, mit ihren verwischten Spuren, mit weißen Westen und sauberen Händen, davongekommen waren, gab es eine neue Regierung, und ich mußte vor Gericht als Angeklagte.

Nun bin ich der miese Spitzel, und sie sind die ehrenhaften Zeugen. Sie haben nur ihre Pflicht getan als Beamte, aber ich habe mich als Spitzel angeboten. Sie hätten einfach nicht gewußt, wie sie mich loswerden konnten. Niemals hätten sie mir Aufträge gegeben, ich hätte von mir aus Denunziationen geschrieben, da mußten sie die armen Leute verhaften.

Er sollte nicht vergessen: *Er* hat angefangen, und ich habe mich gerächt.

Er ist Hammerschmied, und mein Vater war Sägenschmied. Wir passen zusammen.

Hatte ich *ihm* damals nicht erzählt, daß mein Vater nach der Arbeit am liebsten zu Haus blieb? Er fühlte sich bei seiner Frau wohl.

Er hätte sich bei mir zu Hause auch wohl gefühlt. Aber *er* hat es nie versucht.

Er hatte einen falschen Eindruck von mir. Hat

mich für leichtfertig gehalten, für oberflächlich. Dabei mache ich einfach nur, was ich will.

Ich verstehe nicht viel von Kunst, aber einmal habe ich mich wiedererkannt. Da, habe ich erschrocken gedacht, da auf der Bühne stehe ich. Von mir wird erzählt: Carmen.

Zweimal in meinem Leben sind meine Eltern mit mir ins Stadttheater gegangen, als Kind in „Dornröschen" und nach der Konfirmation in „Carmen".

Dornröschen oder Carmen. Das ist die Frage.

Geliebt werden oder lieben. Vielleicht schließt es sich nicht aus?

Ich jedenfalls finde es lächerlich, auf einen Mann zu warten und sich wachküssen zu lassen. Ich will lieber selbst aussuchen und verlassen.

Ihn habe ich mir ausgesucht, aber ich habe *ihn* nie verlassen.

In unserem siebenten Jahr muß ich hinter Gitter. *Seinetwegen.* Daß *er* verheiratet war, als ich ihn kennenlernte vor sieben Jahren, 1942, ist nicht *seine* Schuld. Es können nicht alle Männer frei sein, die einem gefallen.

Auch daß *er* in der zweiten Ehe lebte, sprach nicht gegen *ihn.*

Ich sah ein, daß *er* sich meinetwegen nicht sofort scheiden lassen konnte, mich erst kennenlernen wollte. Ich habe *ihn* sowieso als meinen Mann gehabt.

Als sie aber starb, *seine* zweite Frau, zwei Jahre nach unserm ersten Mal, war für mich selbstverständlich, was *er* tun würde: mich heiraten.

Das hat *er* nicht getan. Mir dämmerte: *Er* hat mich nie als *seine* richtige Frau gesehn. Und wenn sie nicht gestorben wäre: *Er* hätte sich nie von ihr getrennt. Meinetwegen nicht.

Da war es vorbei mit meiner Sanftmut, meiner Geduld, ich wollte *ihn* strafen und überlegte, wie wohl am besten?

Mit einem andern Mann, nicht wahllos, sondern mit einem, den ich mir aussuchte.

Als Packerin in der Fabrik sah ich sie täglich bei der Arbeit, die Fremdarbeiter. Ich war ja auch dienstverpflichtet, aber diese Ausländer wurden gehalten wie Gefangene. Man sah, daß sie hungrig waren, und wir durften keinen Kontakt zu ihnen haben, nicht mit ihnen sprechen und ihnen nichts zum Essen schenken. Nachts schliefen sie alle im Remscheider Ausländerheim. Tags gab ich ihnen heimlich Lebensmittel, und nachts besuchte ich den, der mir am besten gefiel. Beides war verboten, darum habe ich es *ihm* erzählt. *Er* sollte aufwachen.

Aber *er* hat mich angezeigt und mich eines Nachts von der Polizei aus dem Heim holen lassen.

Das ging zu weit, *er* hat sich in den Mitteln vergriffen, so konnte *er* nicht mit mir verfahren.

Wenn *er* mich nicht heiraten wollte, wozu brauchte *er* mich dann? Schlafen konnte ich auch mit den fremden Männern, ja, das Gefährliche, Verbotene hat mich auch gereizt. Sehr zärtlich, sehr ausgehungert waren diese sogenannten Untermenschen. Und dankbar für das bißchen Brot, das ich mitbrachte.

Er wußte wie ich, daß manchen Frauen öffentlich die Haare abgeschoren wurden, wenn sie mit Fremdarbeitern ertappt wurden. Mit einem Schild um den Hals mußten sie am Marktplatz stehen: „Ich bin am Ort das größte Schwein, ich laß mich nur mit Polen ein."

Er wußte, daß diese Männer deshalb aufgehängt werden konnten. *Er* hat mich und diese Männer der Willkür ausgeliefert, aus Stolz, aus Eigenliebe? Dabei hätte *er* mich haben können, für ein ganzes Leben.

Ich erinnere mich noch genau an diese Nacht in dem Ausländerheim. Denn sie hat mein Leben entschieden, mich kalt gemacht für viele Jahre, wer weiß, ob ich mich jemals aus dieser Erstarrung wieder löse. Ich lag auf der Pritsche des Polen, er hatte mich hereingeschmuggelt, wir versuchten, leise zu sein, ich vergaß es, kurz bevor ich zum zweitenmal kam, wurde die Deckenbeleuchtung angeschaltet, deutsche Polizisten zerrten mich aus seinem Bett, nackt, wie ich war, führten sie mich ab. Und *er* stand am Ausgang und nickte: Ja, das ist sie.

Ich schrie: *Dir* werde ich das schon anstreichen, von wegen ausländische Sender hören!

Er sah mich erschrocken an, das hatte *er* mir nicht zugetraut.

Ich wußte, daß *er* gar keinen Radioapparat mehr hatte, seitdem *er* ausgebombt war.

Die Aussicht auf Rache gab mir Kraft in dem Verhör bei der Geheimen Staatspolizei. Und ich zeigte *ihn* an, noch in der gleichen Nacht. Damals stand auf Abhören feindlicher Sender schon die Todesstrafe.

Und dann bat ich den Kommissar der Geheimen Staatspolizei, der mich verhörte, ob ich nicht für ihn arbeiten dürfte. Ich würde über alles berichten, was er wollte, über Arbeiter in der Fabrik, Gespräche in Gaststätten, Soldaten auf Urlaub, über bestimmte Leute, er brauchte mir nur ihre Namen zu nennen, er könnte sich auf mich verlassen, ganz wenig Geld brauche er mir nur zu geben, Hauptsache: er lasse mich frei.

Er stellte mich ein, als Vertrauensperson der Geheimen Staatspolizei. Ich brauchte nicht mehr in die Fabrik. Auf dem Arbeitsamt sagte ich, daß ich jetzt zur Gestapo dienstverpflichtet sei, aber das stimmte natürlich nicht. Denn Spitzeln ist eine freiwillige Tätigkeit. Der Staatsanwalt sagte gestern sogar: „Die

Tätigkeit als Vertrauensperson hat ja überhaupt eine innere Bereitwilligkeit und Einsatzbereitschaft geradezu zur Voraussetzung jeden auch nur einigermaßen erfolgreichen Wirkens, und sie entzieht sich dadurch schon ihrer Art nach der Anwendung von Zwang."

Er wollte mich dadurch belasten. Aber er irrt sich. Niemand kennt meinen Freiheitsdrang. Ich würde alles tun, nur um nicht unfrei zu sein. Und ich habe alles getan.

Ich habe mir vier andere junge Männer als Opfer ausgesucht, ihr Schicksal sollte *ihm* Warnung sein.

Ihn habe ich in dieser ersten Nacht mit einem Grund verraten, der *ihm* nicht zum Verhängnis werden konnte. Ich wußte ja, daß *er* keinen Radioapparat mehr hatte. Also konnte *er* (zumindest in *seiner* eigenen Wohnung – und das hatte ich ausgesagt) gar keine Rundfunksendungen gehört haben.

Aber das wußte nur ich, die Gestapo wußte es nicht. Sie konnten *ihn* wenigstens verhaften und eine Nacht lang verhören!

Nach dem Vorfall im Ausländerheim verabredeten wir uns nicht mehr, und ich wartete Tag für Tag darauf, daß sie *ihn* verhafteten. Aber den Mai und den Juni hindurch blieb *er* auf freiem Fuß. Ich sah *ihn* auf der Straße. Sollte mir die Gestapo nicht geglaubt haben?

So entschloß ich mich zu meiner ersten gefährlichen Anzeige:

Ich erinnerte mich an einen jungen Mann, der im Januar des gleichen Jahres, 1944, mit seinem Freund, einem Soldaten auf Weihnachtsurlaub, am Nebentisch in einer Gaststätte saß. Der Soldat hatte eine Flasche Schnaps mitgebracht, und die tranken sie. Ich unterhielt mich mit einer Freundin, der junge

Mann gefiel mir, ich lehnte mich im Stuhl zurück und bat ihn: „Gib mir auch ein Glas!"

Aber er gab mir keins.

Heute sage ich mir, daß er das ja auch gar nicht konnte, denn die Flasche gehörte ihm doch nicht.

Aber in dem Moment war ich in meinem Stolz verletzt und sagte zu meiner Freundin: „Den bringe ich mal woanders hin."

Ende Juni, fast ein halbes Jahr später, nachdem ich vergeblich auf *seine* Verhaftung gewartet hatte, ging ich zur Gestapo und zeigte den jungen Mann an: wegen staatsfeindlicher Äußerungen in der Gaststätte damals gegenüber einem Soldaten.

Am 4. Juli verhafteten sie endlich *ihn*.

Fünf Tage nach *seiner* Verhaftung, am 9. Juli 1944, war *er* noch nicht wieder frei, also hatte mich die Gestapo diesmal ernst genommen.

An diesem Tag hatte mich ein Mann eingeladen, mit ihm und seinem Freund einen Ausflug mit seinem Auto zu unternehmen. Der Freund beachtete mich gar nicht. Sollte mich die Sache mit *ihm* so mitgenommen haben, daß ich nicht mehr auf Männer wirkte? Daß nicht das geschah, was schon ganz selbstverständlich für mich war? Jeder Mann, der mich kennenlernte, versuchte, unter dem Tisch an mein Knie oder meinen Fuß zu stoßen, um zu sehen, wie ich reagiere. Dieser Mann tat das nicht, und ich wurde unsicher und mürrisch.

Wir fuhren in ein Gartenlokal und hörten dort über einen Lautsprecher den Wehrmachtsbericht. Der Freund des Mannes sagte: „Man sollte den Rundfunkapparat abstellen, ist doch alles Quatsch."

Er erzählte dann noch, daß er vor vier Jahren in der und der Gaststätte auch schon ähnliches gesagt habe.

Ich zeigte das, was er in meiner Gegenwart gesagt hatte, aber auch das, was er von früher erzählte, noch am nächsten Tag bei der Gestapo an.

Zwei Tage später holte die Gestapo den jungen Mann, der mir keinen Schnaps gegeben hatte, ab.

Er war immer noch hinter Schloß und Riegel.

Vier Tage nach der Verhaftung des jungen Mannes, der mir keinen Schnaps gegeben hatte, ging ich am Sonntagvormittag vor der Kirche auf und ab und wartete auf die Gottesdienstbesucher, die bald herauskommen mußten. Einen von ihnen, einen jungen Mann, sprach ich an: „Kennst du mich denn nicht mehr?"

Er entschuldigte sich, nein.

Natürlich konnte er mich nicht kennen.

Ich sagte, daß ich auch im Gottesdienst gewesen war und ihn wiedererkannt hatte.

Eigentlich wollte er nach Haus, denn er war ein Soldat auf Urlaub, die Wehrmacht hatte ihn zur Arbeit in seinem Betrieb, die Deutschen Edelstahlwerke, beurlaubt, aber er lud mich doch kurz zu einem Bier ein, wohl, weil ihm seine Vergeßlichkeit peinlich war. Ihm gefiel ich, und er vertraute mir seine politische Meinung an: Er sei „Gegner der nationalsozialistischen Regierung", er werde „ihr das Genick brechen, wo er nur könne", er sei mit einem russischen Kommissar bekannt, die V-Waffe sei im wesentlichen „ein Bluff". Dabei trank er auf die zukünftige Regierung.

Ich zeigte ihn an.

Vier Tage später, am 20. Juli 1944, fand das Attentat auf Adolf Hitler statt.

Zwei Tage nach dem Attentat lud mich ein junger Mann, ein Polizeireservist, zu einer privaten Feier in die Wohnung eines Bäckermeisters ein. Ich dachte, daß er mich für sich eingeladen hatte, aber als ich abends zu der Feier kam, mußte ich feststellen, daß er schon eine Freundin hatte. Ich war für den andern Mann gedacht, den Bäckermeister.

Der Polizeireservist begann sich zu betrinken und sagte dabei: „Die Russen stehen kurz vor Berlin. In einem Monat ist der Krieg zu Ende."

Ich stimmte ihm zu.

Der Bäckermeister bekam es mit der Angst vor eventuell lauschenden Nachbarn zu tun und schlug uns darum vor, zusammen in eine Gaststätte zu gehen. Das taten wir. Wir kamen unter einem Hitlerbild zu sitzen, und der Polizeireservist sagte: „Schade, daß die Sache nicht geklappt hat, sonst wären wir den Brunkopp los."

Als die Gaststätte schloß, gingen wir in die Wohnung des Bäckermeisters zurück und feierten dort bis in den frühen Morgen.

Noch am gleichen Tag zeigte ich den Polizeireservisten bei der Gestapo an.

Zehn Tage nach dieser Anzeige, am 2. August 1944, holte die Gestapo erst einmal den Freund des Mannes von der Autotour, der mich so gleichgültig behandelt hatte, ab.

Er blieb weiter in Haft.

Später, am 8. August 1944, holte die Gestapo den Polizeireservisten ab.

Den Soldaten vom Gottesdienst, auf Urlaub in den Deutschen Edelstahlwerken, der angeblich den russischen Kommissar kannte, verhafteten sie nicht. Vielleicht wollten sie den russischen Kommissar in eine Falle locken?

Inzwischen saßen also vier Männer hinter Gittern:

Der, der mir keinen Schnaps gegeben hatte.

Der gleichgültige Freund von der Autotour.

Der Polizeireservist, der schon eine Freundin hatte.
Und *er*.

Ihm machten sie als erstem den Prozeß: am 2. September 1944, zwei Monate nach *seiner* Verhaftung, so lange war *er* in Untersuchungshaft, den ganzen schönen warmen Sommer 1944 mußte *er* im Gefängnis sitzen, das war *seine* Strafe.

Sein Rechtsanwalt bezweifelte meine Glaubwürdigkeit. Ich war die einzige Zeugin, und ich machte es ihm leicht, mich zu widerlegen und mich in Widersprüche zu verwickeln.

Damit *er* mich ernst nimmt und auch weiß, daß ich *ihm* nicht wirklich schaden wollte, sagte ich vor *seinen* Ohren, daß ich nach *ihm* noch vier weitere Männer bei der Geheimen Staatspolizei angezeigt hätte, aber wegen anderer und schlimmerer Delikte: wegen Staatsgefährdung, Defätismus, Wehrkraftzersetzung und öffentlicher Herabwürdigung der führenden Männer in Staat und Partei.

Das war die Wahrheit.

Im Gegensatz zur Anschuldigung gegen *ihn*.

Und die Gestapo fand es heraus.

Der Prozeß wurde wegen meiner mangelnden Glaubwürdigkeit vertagt.

Ende September holten sie den Soldaten ab, auf Urlaub in den Deutschen Edelstahlwerken. Sie brachten ihn, weil er Soldat war, vor das Zentralgericht des Heeres und von dort zum Volksgerichtshof. Eine Verhandlung dort fand nicht mehr statt, aber als der Krieg zu Ende war und er zurück nach Remscheid kam, mußte er schon drei Wochen später schwerkrank ins Krankenhaus, wo er starb. Die Haft hatte ihn getötet.

Anfang Dezember wurde der Polizeireservist vom SS- und Polizeigericht Düsseldorf zum Tode verurteilt.

Durch merkwürdige Umstände wurde das Urteil aber dem dafür zuständigen Himmler nicht zur Bestätigung vorgelegt, und er blieb am Leben.

Bis zum Kriegsschluß wartete er jeden Tag auf seine Hinrichtung.

Der gleichgültige Freund von der Autotour und der junge Mann, der mir keinen Schnaps eingeschenkt hatte, blieben in Untersuchungshaft, ohne daß ihnen der Prozeß gemacht wurde. Aber sie starben beide am 9. Februar 1945, als auf ihr Untersuchungsgefängnis eine Bombe fiel. Ich glaube, Gefangene wurden bei Bombenalarm nicht in Luftschutzräume gebracht.

Er war zu dieser Zeit aber schon in Freiheit. Bei der zweiten Gerichtsverhandlung am 21. Dezember 1944 wurde *er* endgültig freigesprochen und zwei Tage später von der Gestapo nach Hause entlassen.

Ich hatte fast ein halbes Jahr um *ihn* gebangt.

Anfangs, als der Krieg vorbei war, fürchtete ich mich vor *seiner* Rache und vor der Rache der Toten. Aber als ein Jahr vergangen war und das zweite und das dritte, fühlte ich mich immer sicherer.

Nun herrscht seit vier Jahren Frieden.

Eine Frage ohne Antwort

Kurz vor dem Ende des zweiten Weltkrieges, im Februar 1945, sorgte eine dreiundvierzigjährige Frau nach sechzehnjähriger Ehe mit großem Nachdruck dafür, daß ihr Ehemann zum Tode verurteilt wurde.

Die Zeugen beim Gerichtsverfahren gegen die Frau nach dem Krieg bekundeten, daß die Ehe der beiden bis zum Kriegsbeginn harmonisch gewesen war, jedenfalls ohne ernstere Zwistigkeiten. Die wären in der kleinen Ortschaft aufgefallen.

Hilde und Michael.

1929 hatte Hilde, damals siebenundzwanzig Jahre alt, Michael geheiratet. Er war Schreiner und ein paar Jahre jünger als sie. Wie viele Jahre, steht nicht in dem Urteil des Schwurgerichts beim Landgericht Würzburg von 1953.

Hilde hatte nach der Volksschule bis zu ihrer Eheschließung, also dreizehn Jahre lang, als Hausgehilfin und Waschfrau gearbeitet oder in der Landwirtschaft geholfen. Weil die Ehe mit Michael kinderlos blieb, arbeitete Hilde weiter außer Haus.

Vier Jahre nach der Eheschließung, zu Beginn der Hitlerzeit, kauften sich die beiden in der Nähe des Dorfes, in dem Hilde geboren war, von ihren gemeinsamen Ersparnissen ein Haus und nahmen Hildes Eltern zu sich.

Als Hilde achtunddreißig Jahre alt war, mußte Michael als Soldat in den zweiten Weltkrieg. Er kam bis 1945, also bis zu Hildes 43. Lebensjahr, zweimal jährlich auf Urlaub nach Haus.

Zuerst war er deutscher Besatzungssoldat in Polen. Von dort bat er einmal seine Schwester in einem Brief, eine Polin, die er kennengelernt habe, bei sich in Deutschland als Arbeiterin unterzubringen.

Wollte er der Polin helfen? Wollte er sie vor einer Deportation schützen? Liebte er sie, und wollte er sie bei seiner Schwester in Sicherheit bringen?

Seiner Frau schrieb er davon nichts.

Sie erfuhr es aber von seiner Schwester, wie sie vor dem Gericht nach dem Krieg zu ihrer Entschuldigung anführte.

Seine Frau bat er in einem Urlaub um Kleider, und er nahm auch wirklich einen Mantel von ihr nach Polen mit.

Ihren Mantel für eine andere Frau. Vielleicht für dieselbe Polin, derentwegen er seiner Schwester geschrieben hatte?

Was sollte Hilde davon denken?

In einem Brief fragte sie ihn, ob er ein Verhältnis mit der Polin habe. Aber er antwortete nicht auf ihre Frage. Und sie hat diese Frage nie wiederholt.

Hilde schlief weiter mit ihrem Mann in jedem Urlaub, den er bekam. Bis zuletzt.

Aber in ihrem Leben gab es einen Bruch:

Sie ging plötzlich zusammen mit einer jungen Witwe öfter zum Bahnhof und lud durchreisende Soldaten zu sich nach Hause ein. Sie bewirtete sie, und sie schlief mit ihnen, wenn sie Lust dazu hatte.

Auch in der Nähe stationierte Soldaten waren bei ihr zu Gast und übernachteten bei ihr. Einen von ihnen mochte sie besonders. Sie hätte ihn gern geheiratet.

Zu ihrer Schwägerin sagte sie, es wäre besser gewesen, wenn nicht deren Mann, sondern Michael in Stalingrad geblieben wäre.

Da die Stadt klein war, wußten bald alle außer ihrem Mann Bescheid. Der Ortsgruppenleiter bat die Frauenschaftsleiterin, etwas gegen den „liederlichen Lebenswandel" der Hilde zu unternehmen.

Die NSV, die Nationalsozialistische Volksfürsorge, drohte der jungen Witwe, mit der Hilde immer auf den Bahnhof ging, ihr die Kinder wegzunehmen, wenn sie ihren Umgang mit Hilde nicht einstellte.

Daraufhin zog sich die junge Witwe zurück. Das sagte sie dem Gericht zehn Jahre später als Zeugin.

Im Oktober 1944, der Krieg dauerte schon fünf Jahre und das Attentat auf Hitler war drei Monate zuvor fehlgeschlagen, konnte Michael wieder einmal zu seiner Frau nach Haus kommen.

Er hatte vom Krieg genug.

Im Bett sagte er ihr: „Wenn der 20. Juli geglückt wäre, wäre der Krieg aus. – Wenn die Russen kommen, kriegen die Saukerle die Hälse runtergeschnitten. – Goebbels ist ein Lump."

Auch in seinen Briefen hatte er sich ähnlich über den Krieg und die Führung des Landes geäußert. Einmal schrieb er: „Wenn Hitler am 20. Juli krepiert wäre, wäre der Saustall zu Ende."

Diese mündlichen und schriftlichen Äußerungen ihres Mannes zeigte Hilde beim zuständigen Sturmführer der SA an.

Sie wollte ihm auch die Briefe zum Lesen geben, aber er wies sie ungelesen zurück und sagte ihr, daß diese Äußerungen ihren Mann den Kopf kosten könnten.

Hilde sagte zu dem Sturmführer, daß ein Mensch, der so etwas über Hitler verbreite, nicht mehr wert sei, unter den Menschen herumzulaufen. Der Sturmführer solle doch ihre Anzeige weiterleiten.

Er tat es aber nicht, weil er spürte, daß sie aus persönlichen und nicht aus politischen Gründen handelte.

Er schickte Hilde nach Haus.

Sie kam wieder und wollte ihn erneut zur Weiterleitung der Anzeige bewegen.

Er ließ sich verleugnen.

Sie beschwerte sich darüber bei seinen Angehörigen.

Als sie den Sturmführer beim nächsten Mal antraf, warnte er sie wieder.

Allerdings erzählte er dem Ortsgruppenleiter davon. Dieser wollte wegen des schlechten Leumunds der Frau auch nichts damit zu tun haben.

Nach einiger Zeit erkundigte sich der Kreisleiter der NSDAP, der von unbekannter Seite informiert worden war, beim Ortsgruppenleiter, warum über den Vorfall noch keine schriftliche Meldung vorliege.

Weil aber der Ortsgruppenleiter und der Sturmführer überzeugt waren, daß Hilde ihren Mann nur loswerden wolle, erstatteten sie diese schriftliche Meldung nicht, wie sie beide nach dem Krieg als Zeugen vor dem Gericht aussagten.

Es geschah also nichts gegen Michael. Deshalb konnte er Anfang Februar 1945 wieder in den Urlaub zu seiner Frau fahren.

Er kam überraschend, und obwohl sie da war, mußte er längere Zeit vor dem verschlossenen Haus warten.

Sie hatte einen Soldaten zu Besuch, den sie erst bei ihrer Mutter, einen Stock höher im Haus, verstecken wollte.

Michael erfuhr so zum ersten Mal von der Untreue seiner Frau.

Es war Winter. Frierend stand er vor dem Haus.

Wie viele Stunden mag er vorher im ungeheizten Zug gesessen haben?

Am nächsten Tag ging Hilde in die Wohnung einer Nachbarin, bei der ihr Geliebter war, und blieb dort längere Zeit. Als sie schließlich kam, machte Michael ihr heftige Vorwürfe, schlug sie mit seinem Koppel und drohte, erst die Wohnung auszuräumen und dann sie und ihre Mutter zu erschießen, bevor er gehen werde.

Aber dafür gibt es keine Zeugen. Und das Gericht nach dem Krieg glaubte ihr nicht.

Hilde blieb die folgende Nacht bei ihrer Nachbarin, kam am nächsten Morgen nur nach Haus, um ihrem Mann das Frühstück zu bereiten, und ging dann zum Sturmführer, um ihm von den Drohungen ihres Mannes zu berichten.

Er verwies sie an die Ortsgruppe oder an die Gendarmerie, wenn sie persönlichen Schutz brauche.

Sie ging daraufhin zum Ortsgruppenleiter, der sie an die Polizei oder an die Kreisleitung verwies.

Ob Hilde selbst oder eine Mittelsperson den Kreisleiter, der ja schon seit vier Monaten auf eine schriftliche Anzeige wartete, unterrichtet hat, konnte das Gericht nach dem Krieg nicht klären:

Jedenfalls nahm am Mittag des 10. Februar 1945 der zuständige Polizeibeamte auf telefonische Anweisung des Kreisleiters den Schreiner fest.

Der Polizeibeamte verständigte Hilde und bat sie, ihrem Mann etwas zum Essen zu bringen.

Sie antwortete, sie habe nichts.

So ließ der Polizeibeamte etwas aus einer Gastwirtschaft holen.

Am nächsten Tag wurde Michael dem zuständigen Feldgericht vorgeführt und in Haft genommen.

Kurze Zeit danach vernahm der Kriegsrichter an diesem Feldgericht Hilde, warnte sie wegen der Todesgefahr, in die sie ihren Mann durch ihre Anzeige bringe, und belehrte sie über ihr Zeugnisverweigerungsrecht als Ehefrau.

Er versuchte ernsthaft, Hilde von ihrer Aussage bei der bevorstehenden Kriegsgerichtsverhandlung abzubringen.

Aber es gelang ihm nicht.

Er bezeichnete darum Hilde seiner Protokollführerin gegenüber, die das acht Jahre später vor dem Gericht bezeugte, als „Schwein".

Am 17. Februar 1945 fand die Verhandlung vor dem Kriegsgericht statt, geleitet von demselben Kriegsrichter, der Hilde ermahnt hatte, nicht gegen ihren Mann auszusagen. Hilde war die einzige Tat- und Belastungszeugin.

Das Gericht zog sich zur Beratung zurück und verkündete dann, daß es mangels Beweises den Angeklagten nicht verurteilen, sondern zurück zur Front schicken werde.

Hilde war darüber so empört, daß sie aufsprang und die Aussagen gegen ihren Mann beschwor.

Nun mußte ihn das Kriegsgericht zum Tode verurteilen.

Als Hilde das Todesurteil hörte, ging sie, wie Michaels Angehörige später bezeugten, „höhnisch lachend" an ihnen vorbei.

Sie ließ zu Hause das Radio so laut spielen, daß sich die Nachbarschaft beklagte. Sie besuchte ihn nicht und schrieb ihm nicht – das lastete ihr das Gericht nach dem Krieg an –, und sie lehnte auch die

Bitte seiner Angehörigen ab, für ihn ein Gnadengesuch einzureichen.

Seine Angehörigen baten daraufhin, unterstützt
von Funktionären der Partei und der Polizei, selbst
um Gnade für ihn.

Der zuständige Postenführer der Gendarmerie beklagte sich über das Urteil beim Feldgericht, bezeichnete es als Fehlurteil und fügte Berichte über den
sehr schlechten Leumund der Zeugin und den sehr
guten des Verurteilten bei: Dieser sei „ruhig, fleißig,
ehrlich, wahrheitsliebend und charaktervoll".

Hilde aber erkundigte sich beim Ortsgruppenleiter, ob sie ihre Unterstützung auch nach der Hinrichtung ihres Mannes weiter erhalten werde.

Das Todesurteil wurde nicht vollstreckt.

Das Gericht konnte acht Jahre später nicht klären,
ob Michael begnadigt worden war oder ob das Urteil
so kurz vor Kriegsende nicht mehr bestätigt wurde.

Michael blieb bis zum April 1945 in Haft, kam für
die letzten Tage des zweiten Weltkriegs zurück zu
seiner Truppe und geriet in Kriegsgefangenschaft,
aus der er zwei Jahre später zurückkehrte.

Drei Jahre nach Kriegsende, im Juni 1948, stand
Hilde, sechsundvierzigjährig, wegen der Denunziation zum ersten Mal als Angeklagte vor Gericht. Sie
erhielt als Strafe zwei Jahre Haft in einem Arbeitslager. Sie verbüßte davon vierzehn Monate und kam
dann für ein Jahr und drei Monate erneut in Untersuchungshaft.

1949 wurde Hilde nach zwanzigjähriger Ehe wegen
„ehewidriger Beziehungen mit fremden Männern"
und wegen der Denunziation ihres Ehemannes schuldig geschieden.

Im Februar 1950 wurde sie, achtundvierzigjährig,
wegen versuchten Mordes in Tateinheit mit einem

Verbrechen der Freiheitsberaubung zu vierzehn Jahren Zuchthaus verurteilt.

Gegen dieses Urteil ging Hilde in Revision. Neun Monate später wurde sie freigesprochen.

Dagegen ging wiederum die Staatsanwaltschaft in Revision.

Das Gericht verurteilte Hilde schließlich zu sechs Jahren Zuchthaus. Da war sie einundfünfzig Jahre alt.

Wenn sie nicht vorher begnadigt wurde, war sie mit siebenundfünfzig Jahren wieder eine freie Frau, dreißig Jahre nach ihrer Hochzeit.

Ihr Mann, der vom Gericht nach dem Krieg geladen war – diesmal war sie Angeklagte und er Zeuge –, trug zur Wahrheitsfindung nicht bei. Er verweigerte das Zeugnis.

So, wie er auch auf die Frage seiner Frau nach der anderen Frau nicht geantwortet hatte.

Die Kameradenfrau

Sie, als Kameradenfrau (denn ich wäre doch auch ehemaliger aktiver Offizier wie ihr Mann), wollte mich nur warnen, unbekannterweise.

Das war der erste Satz, den sie zu mir sagte. Im Sommer 1943: Sie hatte an meiner Wohnungstür geklingelt. Und ich hatte geöffnet.

Denn ich war allein in der Wohnung: Meine Frau im Gefängnis und die Untermieterin beim Einkauf.

Draußen stand sie, eine sehr elegante, mir bis dahin unbekannte Dame, Anfang Vierzig, und sagte diesen merkwürdigen Satz:

Entschuldigen Sie bitte die Störung, Sie kennen mich nicht, aber als Kameradenfrau – denn mein Mann war aktiver Offizier wie Sie – möchte ich Sie vor politischer Unvorsichtigkeit warnen. Sie sind in Gefahr: Ihre Untermieterin trägt ihr Herz auf der Zunge und erzählt alles weiter, was Sie gegen die politische Führung sagen.

Ich bat sie in die Wohnung. Aber sie lehnte dankend ab: Sie müßte zur Arbeit.

Sie arbeiten? fragte ich überrascht.

Ja, freiwillig, beim Luftschutz und bei der Kartenstelle. Die Leiterin dort ist doch Ihre, sie zögerte, ist doch Ihre Bekannte?

Ich nickte und dachte: Ja, sie ist unsere gute treue

Freundin. Sie ist es geblieben, all die Jahre, obwohl meine Frau in Fuhlsbüttel sitzt. Viele haben sich zurückgezogen, sie nicht.

Aber ich dachte es nicht nur, wieder einmal sagte ich statt dessen gleich, was ich dachte.

Ich hatte es leise zu der Dame gesagt, die immer noch in der Wohnungstür stand, den Handschuh der rechten Hand in der linken, ein Handschuh aus dünnem Leder. Der Duft des Parfüms drang herüber, ihre Lippen waren geschminkt.

Und Ihre Untermieterin ist meine Freundin, sagte sie lächelnd. Im letzten Monat, seitdem Ihre Frau im Gefängnis ist, sollen Sie sehr verbittert sein. Meine Freundin erzählt im einzelnen, was Sie über die politische Führung äußern. Und ich zum Beispiel weiß das alles, obwohl ich Sie, Herr von … (sie sprach meinen Nachnamen mit einem falschen Akzent aus) doch überhaupt nicht kenne. Ist das nicht gefährlich? Wenn es in unrechte Ohren kommt!

Mit diesen Worten verabschiedete sie sich.

Ich sah ihr nach und dachte an meine Frau: Erst vorige Woche hatte ich aus dem Gefängnis wieder ihre schmutzige Wäsche zum Waschen bekommen. Mit Blutspritzern. Sie haben sie mißhandelt, dachte ich, und wollen es gar nicht vertuschen, nur drohen: So kann es dir auch gehen, ganz schnell.

Aber ich wollte keine Angst haben. In meiner eigenen Wohnung? In meiner eigenen Wohnung konnte ich schließlich sagen, was ich wollte. Das war nicht in der Öffentlichkeit. Draußen auf der Straße und auf meiner Arbeitsstelle war ich still.

Aber meine Frau hatte auch nur zu Hause gesprochen, nur hier in der Wohnung, nach diesem folgenschweren Luftangriff.

Ja, aber bei ihr war es etwas anderes, sie ist Jüdin.

Nur weil sie mit mir verheiratet war, einem Arier, und nur weil ich mich nicht von ihr scheiden ließ, obwohl sie Jüdin ist, konnte sie noch zu Hause leben.

Ich hatte meine Frau auch gar nicht mehr gern aus der Wohnung gelassen und hatte Einkäufe und alle Behördengänge erledigt neben meiner Arbeit, damit sie nicht auf der Straße beleidigt werden konnte.

Ich hatte sie schützen wollen.

Es ist mir nicht gelungen.

Das Unglück hatten wir selbst heraufbeschworen, als wir nach den ersten Bombenangriffen auf Hamburg Untermieter aufnahmen: das junge Paar, noch gar nicht verheiratet. Sie waren ausgebombt.

Im ersten Moment hatte ich einen Schreck bekommen, als sie vor der Tür standen: der junge Mann in der SA-Uniform, höherer Rang, SA-Führer.

Gleich danach hatte ich gedacht: Hauptsache, er ist nicht bei der SS. Und meine Frau ist ja geschützt durch die Ehe mit mir.

Aber nach dem nächsten Bombenangriff, in der Küche (warum ging meine Frau überhaupt aus dem Zimmer, wenn die Untermieter im Wohnungsflur standen?), nach dem nächsten Bombenangriff hatte meine Frau aus dem Küchenfenster geblickt, auf die brennenden Häuserruinen und die Herumirrenden auf der Straße, und gesagt (selbstvergessen, in unserer eigenen Küche, unseren eigenen vier Wänden, aber vor den Ohren der Leute, die wir aufgenommen hatten), was sie schon oft zu mir und was auch ich zu ihr gesagt hatte, was viele leise zueinander sagten: Wem das alles zu verdanken sei, wer dafür noch einmal zur Verantwortung gezogen würde (das übliche: nicht mal ein Witz, kein Gespräch über sogenannte feindliche Rundfunksendungen).

Der SA-Führer hat sie auf der Stelle angezeigt.

Sie war vor meinen Augen abgeführt worden.

Ich habe sie nicht wiedergesehen.

(Nur ihre blutige Wäsche.)

Lange hatten die beiden nicht mehr bei mir gewohnt. Wenn ich ihnen im Flur begegnete – obwohl ich eine Begegnung möglichst vermeiden wollte –, hatte ich sogar gegrüßt. Einen guten Tag hatte ich ihm gewünscht. Den Denunzianten meiner Frau hatte ich gegrüßt.

Kurz bevor die beiden weggezogen waren, hatten sie ihre Mutter zu sich genommen: die Mutter der jungen Frau, seine zukünftige Schwiegermutter, wenn sie mal heiraten sollten.

Heiratet man einen Denunzianten? Vielleicht dachte die junge Frau genauso wie ihr Freund? Ich hatte mich nie mit ihr politisch unterhalten, es also nicht gewußt.

Als das junge Paar weggezogen war, blieb ihre Mutter bei mir wohnen. Und das war jetzt meine Untermieterin. Vor ihr sollte ich mich also hüten, weil sie ihr Herz auf der Zunge trüge, hatte die Dame in der Tür gesagt.

Und sie wollte ihre Freundin sein?

Nie habe ich mich früher um die Querverbindungen der Menschen gekümmert. Das hat meine Frau für mich gemacht. Sie kennt die Menschen besser als ich – glaubt sie besser zu kennen. Obwohl sie sich das eine Mal am Küchenfenster geirrt hat: Sie muß die Schritte des jungen Mannes im Flur doch gehört haben. Er hatte sie doch auch sprechen gehört.

Oder dachte sie, daß wir allein in der Wohnung sind?

Oder war sie so gefangen von dem Geschehen auf der Straße?

Denn sie hatte zuerst sehr leise, nur für mich hörbar, vor sich hin gesagt: Bald ist DAS ALLES zu Ende, nicht nur der Krieg.

Vielleicht hatte sie die Schritte des Untermieters deshalb nicht gehört, weil sie sich schon das Ende des Unrechts vorstellte? An ein normales Leben dachte, auch für sich selber, daß sie nie wieder diese Unterscheidung akzeptieren mußte: jüdisch – arisch.

Denn früher dachten wir doch auch nicht daran, daß sie eine Jüdin ist. Nach unserem Kennenlernen wollte ich sie als meine Frau, ein ganzes Leben lang wollte ich sie bei mir haben. Ich liebte sie, weil sie es war.

Die Freundin dieser Dame in der Tür hätte mich verraten können?

Und warum warnte mich die Dame? Als Kameradenfrau?

Auch eine Warnung war gefährlich. Diese Frau begab sich in meine Hände. Sie mußte Vertrauen zu mir haben.

Aber ich war ihr fremd. Dachte sie, daß ich ein Gegner des Staates war, weil ich zu meiner Frau, einer Jüdin, hielt?

Das Vertrauen mußte sie aufgrund der Erzählungen ihrer Freundin, meiner Untermieterin, haben. Dann war die Untermieterin meiner Meinung? Sonst hätte sie mich doch schon angezeigt?

Aber vielleicht zeigte sie mich nicht an, obwohl sie eine andere Meinung vertrat? Ihr zukünftiger Schwiegersohn war immerhin ein höherer SA-Führer?

Doch diese Frau, die Frau eines deutschen Offiziers, teilte offenbar meine Meinung. Darum warnte sie mich vor Unvorsichtigkeit.

Aber warum warnte sie mich vor ihrer Freundin?

Sie brauchte sie doch nur zu bitten, nicht soviel herumzuerzählen.

Aber warum sollte sie sich überhaupt in Gefahr begeben?

Eigentlich verstand ich diese Dame in der Tür nicht: die nicht ging, obwohl sie zur Arbeit mußte, die nicht hereinkam, obwohl sie doch Zeit hatte, die mich vor ihrer Freundin warnte, aber doch mit ihr befreundet war.

Würde ich einen Fremden vor meinem Freund warnen? fragte ich mich.

Ihre Freundin wisse nichts von diesem Besuch und dieser Warnung. Sie, die Kameradenfrau, kenne mich ja auch offiziell noch gar nicht, hatte sie gesagt. Und wenn ich ihr anläßlich eines bald fälligen Besuchs bei ihrer Freundin, meiner Untermieterin, vorgestellt werde, sollte ich tun, als ob ich sie zum ersten Mal sähe.

Ich versprach, mich dann zu verstellen.

Und versprach, vorsichtig in meinen Äußerungen zu sein.

Und versprach, weder meiner Untermieterin noch sonst jemand etwas von der Warnung zu sagen.

Warum? Ich war doch in keinem Theaterstück? Aber, ob ich wollte oder nicht, meine Unbefangenheit war dahin. Ich wich meiner Untermieterin aus, sprach nicht mehr mit ihr, und nach wenigen Wochen verzog sie nach Kiel.

Inzwischen war ich der Kameradenfrau, ich nenne sie einfach so, obwohl ich den Kameraden, dessen Frau sie war, nie kennenlernte – inzwischen war ich der Kameradenfrau oft begegnet: wenn sie meine Untermieterin besuchte, wenn ich die Leiterin in der Kartenstelle, unsere Freundin, aufsuchte, wenn wir uns auf der Straße trafen. Im-

mer grüßte sie freundlich wieder und unterhielt
sich mit mir.

Als meine Untermieterin, ihre Freundin, ausgezo-
gen war, klingelte sie schon am nächsten Tag an meiner Wohnungstür.

Diesmal nahm sie meine Einladung an und kam zu
mir herein.

Ich bereitete für uns Tee.

Zum ersten Mal unterhielten wir uns in Ruhe, sie
war wirklich eine sehr kluge und gebildete Frau.

Sie könnte gut verstehen, wie mir zumute sei, sagte
sie. Als Ehemann einer Jüdin in Gefängnishaft gehörte ich doch zu einer Minderheit im deutschen
Volk. Sie gehörte ebenfalls zu einer Minderheit. Nur
wäre es nicht so sichtbar wie bei meiner Frau mit
dem Judenstern: denn sie wäre lesbisch.

Sie lebte in ihrer Wohnung mit einer Frau in Le-
bensgemeinschaft, schon seit vier Jahren. Das fiele
heutzutage ja nicht so auf, wenn zwei Frauen die
Wohnung teilten. Aber sie fürchtete sich vor der Ein-
quartierung Ausgebombter, weil die dann etwas mer-
ken würden, unweigerlich.

Und die Angst vor Entdeckung wäre berechtigt:
Kurz nachdem ihre Freundin zu ihr gezogen war,
wohl schon im Jahre 1940, war sie, die Kameradenfrau, von einem Polizeibeamten gewarnt worden, daß
in den Lesben-Lokalen von St. Pauli Razzien unmittelbar bevorstünden.

Sie beide, sie und ihre Geliebte, wären dort sowieso
nicht hingegangen, aber sie hätte eine Verkäuferin in
dem nahe gelegenen Brotgeschäft gewarnt, von der
sie wußte, daß sie lesbisch war und diese Lokale gern
abends besuchte.

Weil die Verkäuferin nicht hätte auf sie hören wollen und doch weiter ein solches Lokal aufgesucht

hatte, war sie in eine Razzia geraten und ohne Gerichtsurteil für ein dreiviertel Jahr ins KZ gekommen, obwohl Homosexualität bei Frauen doch bisher gar nicht bestraft worden war, nur die bei Männern.

Als die Verkäuferin nach diesen neun Monaten aus dem Konzentrationslager entlassen worden war, hatte sie sie bei sich aufgenommen, die nächsten drei Wochen, damit sie sich ein wenig davon erholen konnte.

Warum vertraut sie mir das alles an? dachte ich.

Ich fragte sie nach ihrem Mann, denn bei ihrer ersten Warnung an meiner Wohnungstür hatte sie sich doch als eine Kameradenfrau vorgestellt. War sie seine Witwe? Sie hatte außer diesem ersten Mal nie von ihm gesprochen.

Nein: sie war von ihm geschieden, seit 1926, seit siebzehn Jahren, und lebte seitdem von einer kleinen Unterhaltsrente, die er ihr zahlte. Geheiratet hatte sie ihn mit achtzehn Jahren, nach Absolvierung der höheren Töchterschule und der Handelsschule, im März 1914: da herrschte noch Frieden im deutschen Kaiserreich, ein halbes Jahr noch Frieden. Er war damals schon aktiver Offizier gewesen. Ungefähr mein Jahrgang, auch zwanzig Jahre älter als sie.

Eine sehr hübsche Person muß sie gewesen sein, dachte ich.

Im ersten Weltkrieg hatte sie Verwundete gepflegt. Nach dem Krieg hatte sie Schauspielunterricht genommen und auch als Schauspielerin gearbeitet. Schließlich war sie morphiumsüchtig geworden und in eine Entziehungskur gekommen.

Da hatte er sich scheiden lassen (ehrlich gesagt, eine solche Frau hätte ich mir als Offizier auch nicht leisten können, wäre als Ehefrau auch nichts für mich gewesen, dachte ich da).

Sie war bei der Scheidung siebenundzwanzig Jahre alt. Ohne Kind. Geheiratet hatte sie nicht wieder, auch nicht pro forma, und in ihrem Beruf als Schauspielerin hatte sie auch nie mehr gearbeitet, war immer zu Hause, lebte mit Freundinnen, hin und wieder unterstützte die Familie sie finanziell.

Ich wagte sie nicht zu fragen, warum sie sich mir gegenüber als Kameradenfrau ausgegeben hatte, wenn sie doch schon seit siebzehn Jahren geschieden war.

Und ich wagte auch nicht zu fragen, ob sie mit ihrem Mann überhaupt intim zusammen gewesen war, ob sie ihren oder einen anderen Mann zu hassen begonnen, ob sie sich vor ihm geekelt oder ob er sie gleichgültig gelassen hatte.

Vielleicht ist sie bisexuell und sitzt deshalb bei mir im dunkelnden Zimmer? dachte ich.

Ich wollte ihr nicht zu nahe treten, uns auch nicht in eine peinliche Situation bringen, denn immerhin war ich mit ihr, einer anziehenden und erregenden Frau, allein in der Wohnung.

Vielleicht wollte sie einfach nur ihre erotische Wirkung auf einen Mann prüfen, nachdem sie ihm die Wahrheit gesagt hatte?

Vielleicht wollte sie sich erleichtern und erhoffte gerade bei mir Verständnis, weil meine Frau ausgestoßen war und ich deshalb Leid ertragen mußte?

Es ist dunkel geworden, nicht wahr? fragte sie unvermittelt, stand auf und stellte sich neben meinen Sessel. Ich habe, sagte sie, in dieser Woche der Frau eines Tierarztes zur Flucht verholfen: sie ist Jüdin und hatte mir von ihrer bevorstehenden Deportation erzählt. Ich verschaffte ihr falsche Papiere aus der Kartenstelle, indem ich die Unterlagen einer evakuierten Frau zurückhielt, und kaufte ihr mit den falschen Papieren eine Fahrkarte nach Konstanz. So konnte sie ins sichere Ausland fliehen. Ich habe, sagte sie weiter, eine Freundin beim Sicherheitsdienst: sie ist dorthin dienstverpflichtet seit fünf Jahren und sogar Vorzimmerdame des Leiters der Hamburger Dienststelle. Sie hat schon Stimmungs- und Lageberichte selbständig angefertigt, sie weiß alles, auch von der Geheimen Staatspolizei, und will dort weg. Sie ist die Tochter meiner Jugendfreundin, darum kenne ich sie von Kind an. Vor neun Jahren hat sie mir meine Geliebte weggenommen und lebt mit ihr in einer Wohnung.

Weggenommen? fragte ich, kann man eine Geliebte jemandem wegnehmen?

Unsere Geliebte, sagte meine Besucherin, hat uns beide nur gefühlt, nie gesehen: denn sie ist blind. Und die Tochter meiner Jugendfreundin kann so ihre Liebe besser tarnen. Sie gibt sich als die Pflegerin der Blinden aus.

Ich, sagte meine Besucherin, kann mich nicht tarnen, meine Lebensgefährtin ist gesund. Ihre Schwester weiß davon, und ich weiß nicht, wer noch. Heute bin ich nicht gekommen, um Sie zu warnen, sondern um Sie um Hilfe zu bitten: für ein Ehepaar. Seit vier Jahren kenne ich die junge Frau, und vor zwei Jahren lernte ich den Mann kennen, fand, daß die beiden zusammenpassen, und machte sie bekannt. Sie heirateten noch im gleichen Jahr, 1941. Er ist unschuldig geschieden, hat schon einen großen Sohn, ist Innenarchitekt und Geschäftsführer mehrerer Lichtspieltheater. Kürzlich rettete er einen jüdischen Mann, der vor seiner Einlieferung ins Ghetto stand, dadurch, daß er ihn heimlich an die rumänische Grenze brachte. Also ein mutiger Mann. – Die jungen Eheleute sind glücklich, soweit man das in einem solchen

Krieg sein kann. Ich mag sie sehr, wir duzen uns, und sie nennen mich beide aus Dankbarkeit „Mutter". Nun suchen sie ein Zimmer. Und ich dachte, vielleicht könnten Sie die beiden bei sich aufnehmen? Seit gestern ist doch bei Ihnen ein Zimmer frei? Die junge Frau kann für Sie mitkochen und mitwaschen. Wäre das nicht angenehm für Sie?

Endlich wieder ein wenig Wärme, dachte ich, wenigstens zu Hause kein Mißtrauen haben müssen, das wäre schön.

Ich war einverstanden, und es wurde so, wie ich gehofft hatte. Ich gab der jungen Frau meine Lebensmittelkarten und durfte dafür an ihrem Tisch mitessen.

Wenn die schmutzige blutige Wäsche von meiner Frau aus dem Gefängnis kam, wusch die junge Frau die Wäsche und tröstete mich.

So verging ein Jahr.

Merkwürdig war, daß die junge Frau ihre Heiratsvermittlerin, die sie doch „Mutter" genannt hatte, nicht mehr besuchte, obwohl sie in der Nachbarschaft wohnte, während ihr Ehemann einen engen Kontakt aufrechterhielt.

Wir haben August, August 1944. Das Attentat auf Hitler im vergangenen Monat ist zwar mißlungen, aber es zeigt doch, daß nun auch beim Militär ein offener Widerstand gegen das System geleistet wird. Dieser Krieg kann nicht mehr lange dauern. Das ist meine feste Überzeugung. Meine Frau wird bald wieder bei mir zu Hause sein.

Die Bankfiliale, bei der ich arbeite, schickte mich sogar für ein paar Tage in die Zentrale nach Berlin, um mich auf eine höhere Stellung vorzubereiten.

Am Morgen des Tages, an dem ich nach Berlin fahren wollte, hörte ich die junge Frau in der Küche wirtschaften. Und als ich in die Küche kam, duftete es angenehm nach gekochter Marmelade. Die Gläser standen zum Abkühlen auf dem Küchentisch. Die Sonne schien durch die geputzten Küchenfenster. Die junge Frau, in der Küchenschürze meiner Frau – ich hatte ihr erlaubt, sie zu tragen –, stand im Gegenlicht und summte ein Lied.

Ich blieb an der Küchentür stehen.

Sie hatte mich kommen hören, drehte sich um und wies stolz auf ihre Arbeit: Das ist auch für Sie, sagte sie freundlich.

Wenn ich das Folgende nicht gesagt, sondern nur gedacht hätte, wäre sie nicht so außer sich geraten. Aber statt daß ich mich freute an ihrer Hoffnung auf die Zukunft, an ihrer Fürsorge, sagte ich:

Lassen Sie das Einmachen nur sein! Es hat keinen Sinn, denn bald kommen die Russen. Dann wird es fürchterlich. Ich bin geschützt, weil ich als Gegner des nationalsozialistischen Systems bekannt bin. Ich werde versuchen, auch für Sie einzutreten. Aber ob ich Ihnen helfen kann, weiß ich nicht.

Die junge Frau, eben noch so froh, geriet in die größte Erregung, stürzte an mir vorbei in ihr Zimmer und weinte sehr, so laut, daß ich es durch die geschlossene Tür hören konnte.

Ich wagte nicht, ihr in ihr Zimmer zu folgen.

Sie war dort allein, und was sollte ich auch Beruhigendes tun? Ich hatte ihr nur meine Meinung offen gesagt. Sogar meine Hilfe hatte ich ihnen zugesagt.

Kurz darauf kam ihr Ehemann.

Ihm gelang es auch nicht, sie zu beruhigen: denn er mußte zurück in sein Büro.

Und ich mußte meinen D-Zug nach Berlin pünktlich erreichen.

Gestern kam ich abends von Berlin zurück, und

eben klingelte es an unserer Wohnungstür: zwei Gestapobeamte.

Der junge Mann, mein Untermieter, kommt aus seinem Zimmer und sieht die Männer erschrocken an. Sicher hat er große Angst vor den beiden Männern. Haben sie erfahren, daß er den jüdischen Mann vor dem Ghetto gerettet hat? Wissen sie, daß ich schon lange abfällig über die Regierung rede und weder er noch seine Frau mich angezeigt haben?

Die Gestapobeamten fragen, wie ich heiße.

Ich nenne meinen Namen.

Kommen Sie mit!

(Ich? Und nicht er?) Warum?

Sie haben nicht zu fragen!

Der junge Ehemann, mein Untermieter, muß zusehen. Sie kündigen an, wiederzukommen, um ihn und seine Frau über mich zu befragen. Wird er sich meiner Bitte erinnern, unsern Dokumentenkoffer an sich zu nehmen, falls mir etwas zustoßen sollte?

Jetzt haben sie uns beide, meine Frau und mich.

Wir sind in ihrer Gewalt.

Epilog

Was war geschehen? Das Paar, das sich durch die Vermittlung der „Kameradenfrau" kennengelernt hatte und ihrer Fürsprache auch das Zimmer bei dem alten Offizier verdankte, stimmte in seiner Sympathie zu ihr bald nicht mehr überein. Die Ehefrau zog sich zurück und besuchte sie nicht mehr, obwohl sie ganz in der Nähe wohnte (war sie am Ende eifersüchtig? Wußte sie nichts von deren anderer Neigung? Um ihren Mann mußte sie also nicht fürchten. Oder?), während ihr Ehemann sie häufig auf seinem Weg von oder zur Arbeit besuchte. Er lernte bei ihr die Tochter ihrer Jugendfreundin kennen, die beim Sicherheitsdienst als Vorzimmerdame arbeitete. Die drei sprachen viel miteinander und erörterten auch die Tischgespräche des alten Offiziers. Sie waren besorgt, er könnte sie alle ins KZ bringen mit seinen Reden, weil sie Mitwisser waren.

So kannte die Frau, die beim Sicherheitsdienst arbeitete und sogar aufhören wollte, weil ihrer Meinung nach dort zu viele unreife Menschen außerordentliche Macht über andere Menschen ausübten, den alten Offizier nur vom Erzählen.

Die „Kameradenfrau" gab nach dem Krieg als Angeklagte vor Gericht folgende Darstellung: Der Ehemann wäre, nachdem er seine junge Frau nicht hatte trösten können, erbost bei ihr angekommen, hätte vorgehabt, ihre gemeinsame Bekannte, die Vorzimmerdame des Sicherheitsdienstes, in deren Wohnung aufzusuchen und ihr die Äußerungen seines Vermieters anzuzeigen. Er wäre deshalb gleich wieder fortgegangen.

Als ebendiese Frau zufällig kurz danach bei ihr erschien, hätte sie ihr natürlich von der Absicht des Mannes erzählt.

Sie selbst hätte ihre Besucherin gleich nach deren Ankunft in ihrer Wohnung allein gelassen, um mit dem Hund auf die Straße zu gehen. Dort hätte sie sich längere Zeit zuerst mit dem Hausmeister und später mit der Schwester ihrer Geliebten, die irgendeinen Brief hatte einsehen wollen, unterhalten. In ihrer Abwesenheit hätte die Vorzimmerdame des Sicherheitsdienstes ohne ihr Wissen und ohne ihre Billigung die Anzeige telefonisch erstattet.

Der sehr alte Hausmeister konnte sich vor dem Gericht nach dem Krieg, wie auswendig gelernt und wörtlich übereinstimmend mit den Aussagen der „Kameradenfrau", an das Gespräch auf der Straße mit ihr erinnern, das angeblich genau in den Minuten stattfand, in denen von ihrem Apparat aus eine Anzeige bei der Gestapo einging.

Die Aussage der Schwester ihrer Geliebten änderte sich auf eine merkwürdige Weise. Zunächst bestätigte sie 1948 dreimal (bei der Kriminalpolizei in Hamburg, vor dem Verteidiger der „Kameradenfrau" in einer eidesstattlichen Erklärung und vor einem Staatsanwalt), daß sie die Anzeige bei der Gestapo gehört hatte: in der Wohnung und im Beisein der „Kameradenfrau".

Zwei Jahre später aber, vor dem Schwurgericht, widerrief sie diese Aussage. Angeblich erinnerte sie sich erst jetzt richtig: daß die Angeklagte die ganze Zeit mit ihrem Hund und dem Hausmeister auf der Straße gestanden und ihr dort auch erklärt habe, wo der gesuchte Brief in ihrer Wohnung liege. Während sie den Brief suchte, sei sie unfreiwillig Zeugin der

Denunziation geworden. Sie habe der immer noch auf der Straße Stehenden von dem Telefongespräch erzählt, das da eben in ihrer Wohnung geführt worden war.

Da hätte sich die Angeklagte sehr entsetzt gezeigt.

Das Gericht glaubte den früheren Aussagen der Zeugin aber eher und ließ sie unvereidigt.

Den Ehemann verurteilte das Gericht zunächst zu einer Gefängnisstrafe, sprach ihn dann aber auf seine Revision hin mangels Beweisen frei.

Zwei Tage nach der Verhaftung seines Vermieters brachte der Ehemann dessen Dokumentenkoffer zu der „Kameradenfrau". Bei dieser Gelegenheit erst, sagte er fünf Jahre später vor dem Gericht, habe er mit Entsetzen von der Denunziation erfahren.

Am Morgen nach der Verhaftung wären die beiden Gestapobeamten, wie angekündigt, wiedergekommen und hätten ihn gefragt, ob sein Vermieter in der Wohnung Zusammenkünfte von Gruppen organisiert hätte und ob er den Staat bejahe.

Die erste Frage hätte er wahrheitsgemäß verneint und auf die zweite geantwortet, daß man das von einem Mann, dessen Frau in Haft sei, doch wirklich nicht verlangen könne. Er wäre wegen dieser Antwort von dem Gestapobeamten verwarnt worden.

Es war ihm nicht nachzuweisen, daß er die Anzeige gegen seinen Vermieter wirklich erstatten wollte, denn die blinde Frau, Lebensgefährtin der damaligen Vorzimmerdame, versicherte vor Gericht glaubhaft, daß er weder an diesem Tag noch an einem der folgenden in ihrer gemeinsamen Wohnung erschienen war und nach ihrer Freundin gefragt hatte.

Sie sagte die Wahrheit, obwohl eine Lüge doch ihre Freundin entlastet hätte. Sie sagte die Wahrheit.

*Auch ihre Freundin sagte die Wahrheit, von An-
fang an: Als die „Kameradenfrau", die immer
eine Autoritätsperson für sie war, ihr an diesem
Augusttag 1944 von den Äußerungen des alten Offiziers erzählt und sie aufgefordert habe, die Anzeige bei der Gestapo zu erstatten, habe sie es gemacht.*

*Die Geheime Staatspolizei brachte den Hamburger
Bankangestellten und ehemaligen aktiven Offizier
nicht vor Gericht, sondern in das KZ Neuen-
gamme. Dort ist er im Frühjahr 1945 gestorben.
Angeblich an einer Erkältung. So steht es auf dem
Totenschein.*

*Seine Frau wurde nach seinem Tod in das KZ
Ravensbrück gebracht, denn nun war sie nicht
mehr durch eine sogenannte privilegierte Mischehe
mit einem Arier geschützt. Sie kam dort um.*

*Ein paar Wochen nach ihrem Tod war der Krieg
zu Ende.*

Das Ende der Geborgenheit

Der Pianist Karlrobert Kreiten wurde am 7. September 1943 in der Hinrichtungsstätte Berlin-Plötzensee im Alter von siebenundzwanzig Jahren erhängt.

In dieser Nacht vom 7. zum 8. September 1943 töteten die schließlich völlig erschöpften Henker einhundertsechsundachtzig zum Tode Verurteilte in Gruppen zu acht so schnell, daß keine Zeit für einen Abschiedsbrief blieb und dem Gefängnisgeistlichen kaum Zeit für ein tröstliches Wort.

Aber weil Karlrobert Kreiten den Geistlichen von sich aus ansprach, nahm sich dieser des jungen Mannes besonders an. Er notierte die „letzten Grüße an die Seinigen, Eltern, Grand'maman und Schwester, und erweckte mit ihm Reue und Leid", wie er später in einem Brief an die Angehörigen schrieb.

Karlrobert Kreiten war erst vier Tage davor, am 3. September 1943, wegen Feindbegünstigung und Wehrkraftzersetzung vom Volksgerichtshof in Berlin zum Tode verurteilt worden.

Weder die Angehörigen noch die Rechtsanwälte wußten vorher von dem Gerichtstermin. Nur durch einen anonymen Anruf in der gemeinsamen Berliner Wohnung hatte seine Schwester Rosemarie vom Todesurteil erfahren, konnte die Eltern in Düsseldorf alarmieren, die sofort ein Gnadengesuch an Hitler

richteten, denn sie wußten: Solange dort ein Gnadengesuch angenommen und noch nicht abgelehnt war,
mußte die Hinrichtung aufgeschoben werden.

Wie in einem Kafka-Roman irrten vom 3. bis zum
8. September, also noch am Tag nach der Hinrichtung, die Freunde, die Eltern und die Schwester mit
einem Gnadengesuch in Düsseldorf und in Berlin
von Behörde zu Behörde, in Düsseldorf vom Gaukul-
turreferenten zum Gaupropagandaleiter und schließlich zum Gauleiter. Dort verzögerte man die An-
nahme, war vielseitig beansprucht, hatte eine Sitzung,
ließ den Tatbestand im Vorzimmer in die Maschine
diktieren, verzögerte die Weitergabe, indem man das
Gnadengesuch nach Berlin vierundzwanzig Stunden
im Fernschreibzimmer des Reichspropagandaamtes
Düsseldorf unerledigt liegenließ.

Am 8. September waren Mutter und Schwester zur
Berliner Reichskanzlei vorgedrungen, wo man ihr
Gnadengesuch entgegennahm und versprach, das
Justizministerium über die vorgeschriebene vorläu-
fige Aussetzung der Urteilsvollstreckung zu informie-
ren.

Um aber sicherzugehen, daß nicht kostbare Zeit
verstrich, liefen die beiden, Mutter und Schwester,
selbst zum Justizministerium, alles lag nah beeinan-
der. Doch die Beamten, an die sie sich wenden wollten, ließen sich bis auf einen verleugnen.

Nur dieser letzte Angesprochene, ein Staatsanwalt
im Justizministerium, verriet, was er eigentlich nicht
durfte:

Ihr Sohn, ihr Bruder war schon seit gestern tot.

Ein Exempel unter den jungen Künstlern sollte sta-
tuiert werden.

Und eine Woche später konnten es alle in der Zeitung und an der Litfaßsäule lesen:

„Am 7. September 1943 ist der siebenundzwanzig Jahre alte Pianist Karlrobert Kreiten aus Düsseldorf hingerichtet worden, den der Volksgerichtshof wegen Feindbegünstigung und Wehrkraftzersetzung zum Tode verurteilt hat. Kreiten hat durch übelste Hetzereien, Verleumdungen und Übertreibungen eine Volksgenossin in ihrer treuen und zuversichtlichen Haltung zu beeinflussen gesucht und dabei eine Gesinnung an den Tag gelegt, die ihn aus der deutschen Volksgemeinschaft ausschließt."

Wer war die Volksgenossin mit der treuen und zuversichtlichen Haltung?

Eine Schulfreundin seiner Mutter.

Sie hieß Ellen X., war zusammen mit seiner Mutter Gesangsschülerin am Saarbrücker Konservatorium gewesen und lebte nun in Berlin. Den Musik- und Übungsraum in ihrer Wohnung hatte sie Karlrobert Kreiten für ein paar Tage angeboten, denn sie wußte, vielleicht sogar durch seine Mutter, daß er sich auf sein nächstes Konzert im Berliner Beethoven-Saal am 23. März 1943 vorbereitete, gleichzeitig aber mit Schwester und Großmutter innerhalb Berlins umziehen mußte und deshalb keinen Raum zum Üben hatte.

Er wiederum wußte, daß das Publikum sehr viel von ihm erwartete; denn er galt als der begabteste Pianist seiner Generation in Deutschland.

An Wohlwollen und Unterstützung war der Sechsundzwanzigjährige schon gewöhnt:

1916 in Bonn als Sohn eines später in Düsseldorf tätigen Konzertpianisten, Dozenten und Komponisten und einer Konzertsängerin geboren, war er in einem sehr liebevollen und musischen Klima aufgewachsen.

Seine Großmutter, von französischen Eltern stammend, in Spanien geboren, vielseitig gebildet und interessiert, früh verwitwet, liebte den Enkel von seiner Geburt an über alles, überwachte den Klavier- und Geigenunterricht des Vorschulkindes, lehrte ihn die französische Sprache, das Einmaleins und das deutsche Abc. Später, als er schon als berühmter Pianist in Berlin lebte, führte sie ihm und seiner Schwester, einer Schauspielschülerin, die Wirtschaft und erledigte seine berufliche Korrespondenz.

Karlrobert Kreiten hatte schon mit elf Jahren Aufsehen erregt, als er im Kaisersaal der Düsseldorfer Tonhalle Mozarts A-Dur-Klavierkonzert in einer Rundfunkübertragung spielte.

Mit dreizehn Jahren studierte er an der Musikhochschule Köln, gewann mit sechzehn Jahren in Wien einen Wettbewerb, an dem 1 000 Pianisten teilnahmen, errang im gleichen Lebensjahr in Berlin den „Großen Mendelssohn-Preis" und spielte unter Hermann Abendroth. Nach zwei Jahren Studium in Wien schloß er seine Ausbildung bei Claudio Arrau ab.

Seine Wiener Lehrerin, Hedwig Rosenthal-Kanner, folgte Ende der dreißiger Jahre einem Ruf in die USA und riet auch ihm, dorthin zu kommen (vielleicht war das eine Frau wie die Großmutter, die von seiner außergewöhnlichen künstlerischen Begabung überzeugt war und ihm alle Wege ebnen wollte). Doch er hörte nicht auf seine wohlmeinende Lehrerin; denn er wollte erst in Europa noch besser, noch berühmter werden, bevor er den Sprung auf den andern Kontinent wagte.

Zunächst zog er auf Furtwänglers Rat nach Berlin, zusammen mit seiner Schwester. Die Großmutter folgte und war, wie der Vater später in seinem Buch „Wen die Götter lieben ..." über den toten Sohn berichtet, sein Finanzminister. Gab sie ihm Geld? Verwaltete sie es nur?

Nun sollte also, im März 1943, der gemeinsame Umzug in eine größere Wohnung erfolgen.

Das ruhige Musikzimmer der Freundin seiner Mutter war sicher eine Oase im Chaos von Einwickeln und Einpacken (und wieder war es eine mütterliche, kunstinteressierte Frau, die sich um Karlrobert Kreiten bemühte).

Für sein Konzert übte er bei Ellen X. (sprach er sie mit Du an?) Sonaten von Scarlatti und Mozart, sechs Etüden von Chopin (aus op. 10 Nr. 12, 8 und 2; aus op. 25 Nr. 7, 6 und 10), Liszts „Spanische Rhapsodie" und Beethovens f-Moll-Sonate op. 57, die „Appassionata".

In den Übungspausen unterhielt er sich mit Ellen X. Bereitete sie ihm einen Tee?

Er wußte vorher nicht, daß sie eine überzeugte Nationalsozialistin war, und gab der Versuchung nach, mit ihr über das Wesen des Nationalsozialismus, so wie er es sah, über Hitler und die Kriegslage zu reden.

Er sagte unter anderem:

Hitler sei krank, und einem solchen Wahnsinnigen sei nun das deutsche Volk ausgeliefert! ... In zwei bis drei Monaten werde Revolution sein, und dann würden Hitler, Göring, Goebbels und Frick einen Kopf kürzer gemacht. Der Krieg sei praktisch verloren, was zum Untergang Deutschlands und seiner Kultur führen werde.

Spürte er überhaupt eine Gefahr, oder war es ihm selbstverständlich, im Bekanntenkreis offen zu reden?

Ellen X. war entsetzt und erzählte einer Hausnachbarin von diesen merkwürdigen Äußerungen.

Diese Dame, eine Frau Ministerialrat mit dem Vornamen Annemarie, ebenfalls eine überzeugte Nationalsozialistin, war Schulungsleiterin und ließ in ihrem Parteifanatismus sogar die eigene Schwester beobachten.

Annemarie Y. war über das Gehörte sehr aufgebracht und besprach den Fall mit einer dritten Frau, Tiny Z., die mit ihr in der Frauenschaft arbeitete und der die Familie Kreiten bekannt war, weil sie selbst aus Düsseldorf stammte.

Diese beiden Frauen setzten ihr, wie Ellen X., die Freundin der Mutter des jungen Pianisten, später sagte, die Pistole vor die Brust.

Die Anzeige wurde von allen dreien Mitte März 1943, also eine Woche vor dem geplanten Konzert, bei der Reichsmusikkammer eingereicht.

Aber nichts passierte. Die Reichsmusikkammer hatte die Denunziation nicht weitergeleitet.

Karlrobert Kreiten übte ahnungslos Tag für Tag.

Das Konzert fand am 23. März 1943 statt.

Der Pianist wurde vom Publikum begeistert gefeiert. Merkwürdigerweise berichtete aber am nächsten Tag nur eine Zeitung darüber. Es war, bis auf ein privates Konzert ein paar Tage später bei einem Berliner Kunstmaler, Kreitens letzter öffentlicher Auftritt.

Die Frauen warteten vergeblich auf seine Verhaftung.

Als sie sechs Wochen nach ihrer Anzeige, Ende April 1943, in der Zeitung lasen, daß Karlrobert Kreiten am 2. Mai 1943 zu einem Konzert nach Florenz verpflichtet sei, verloren sie die Geduld.

Ihnen wurde klar, daß die Reichsmusikkammer ihre Anzeige hatte unter den Tisch fallen lassen. Sie erstatteten eine zweite Anzeige:

Die von Ellen X. ausgehende und von Annemarie Y.

geschriebene Anzeige wurde von der Ministerialratsgattin, Tiny Z., an ihre frühere Dienststelle, das Propagandaministerium, geleitet und kam von dort zur Gestapo.

Karlrobert Kreiten besuchte zu dieser Zeit seine Eltern in Düsseldorf, machte mit einem befreundeten Mädchen einen Ausflug ins Siebengebirge und wartete auf das Visum für Italien.

Es wurde ihm nicht mehr erteilt.

Er schöpfte keinen Verdacht, denn die anderen Deutschen durften das Land auch nur in Ausnahmefällen verlassen. Und seine Altersgenossen waren alle im Krieg.

Schon vor der Einladung nach Florenz hatte er für den Mai 1943 eine Konzertreise im Inland geplant, die in Heidelberg beginnen sollte. Er fuhr also statt nach Florenz nach Heidelberg. Aber als das Publikum am 3. Mai in das seit langem ausverkaufte Konzert im Großen Universitätssaal kam, hing an der Eingangstür ein kleiner Zettel:

„Kreiten-Konzert fällt aus."

Die Gestapo hatte ihn morgens um 8 Uhr in seinem Heidelberger Hotel verhaftet.

Nach zwei Wochen wurde er in das Gestapo-Gefängnis in Berlin gebracht und dort seiner Verräterin gegenübergestellt.

Was mochte die Frau empfunden haben, als sie in das hungrige und zerschlagene Gesicht des Sohnes ihrer Freundin blickte?

Aber er glaubte an einen guten Ausgang, übte jeden Tag auf dem Tisch seine Sonaten, wurde in das Untersuchungsgefängnis des Gerichts überführt, schöpfte noch mehr Mut, hungerte, übte, schrieb Briefe, freute sich auf den Urlaub mit seiner Freundin (aber vielleicht doch erst in einem Jahr?), durfte

Besuch von seinen Angehörigen empfangen, gab Ratschläge für das Frühstück der Großmutter: Sie solle zur Stärkung Haferflocken essen.

Und wurde am 3. September 1943 zum Tode verurteilt.

Spitzel und Verräter

Ein Spitzel verhält sich zum Verräter wie ein Mörder zum Totschläger. Wie der Mörder handelt der Spitzel mit Vorsatz: er will über seinen Nächsten berichten. Er muß es, darum sieht er ihn so aufmerksam an.

Ein Verräter dagegen erzählt einem interessierten Behördenangestellten, was er vielleicht schon länger weiß. Er hat es bisher für sich behalten. Jetzt will er sich rächen, oder er wird zur Aussage gezwungen.

Vielleicht ist er durch Zufall zu seinem gefährlichen Wissen gekommen?

Wenn ich das nicht anzeige, sagt sich der Verräter womöglich, wird es auch für mich selbst zur Gefahr.

Oder er fürchtet sich vor Demütigung, vor körperlichem Schmerz, davor, daß er geschlagen werden könnte beim Verhör, wenn er nicht verrät, was er weiß.

Ich darf zurück ins Dunkle, ins Ruhige, wenn ich jetzt verrate, sagt er sich und verrät.

Oder er bleibt standhaft bis zur Androhung der Folter.

Oder er bleibt standhaft, bis sie ihn foltern. Und wird dann schwach.

Wer wirft den ersten Stein?

Der Spitzel dagegen verstellt sich. Niemand würde ihm sonst etwas anvertrauen. Der Spitzel muß sich verstellen: eine andere Meinung vortäuschen, über einen verbotenen Witz lachen, selbst einen erzählen.

Er muß einen Köder legen.

Aber vielleicht hat der Spitzel gar keine andere Meinung als sein Opfer?

Vielleicht ist er darum so überzeugend, gleichgesinnt und kritisch?

Vielleicht lacht er deshalb so vergnügt über den Witz? Nur seine schnellen beobachtenden Augen dabei:

Wer hat den Witz erzählt?

Von wem hat er den Witz?

Wer lacht?

Wer will ihn wem weitererzählen?

Wer soll noch darüber gelacht haben?

Wer hat einen ähnlichen Witz wo wann wem erzählt?

Der Spitzel muß nüchtern bleiben, darf sich nicht vergessen, nicht überlassen. Er darf seine Opfer nicht lieben. Ganz innen muß er immerzu hinhören, hinhören. Spöttische Blicke muß er bemerken.

Der Spitzel muß registrieren:

Wer sagt nichts?

Wer sagt an welcher Stelle nichts?

Wer sieht einen andern belustigt an? Bei welcher Gelegenheit?

Wie sieht der andere zurück?

Wen sieht er noch an?

Wer senkt die Augen?

Wer könnte den Spitzel erkennen, ertappen bei einem beobachtenden Blick?

Wer könnte mißtrauisch werden? Wer könnte die

andern warnen? Wer könnte sich später erinnern an das heutige gefährliche Gespräch, an alle Beteiligten und an den Spitzel, der als erster, als einziger aus dem Gefängnis entlassen wurde?

Ein Spitzel muß wachsam sein:

Seine Feinde sind seine Auftraggeber.

Seine Feinde sind seine Opfer.

Und seine Feinde sind die, die später herausfinden, daß er dabei war und nicht bestraft wurde.

Das Später, das Nachher, ist die Gefahr für den Spitzel. Er muß sich für das Nachher rüsten, muß alle Schuldbeweise vermeiden, einen Decknamen führen in den Aktenvermerken der Polizei.

Aber wenn der Beamte der Geheimen Polizei sich später vor Gericht erinnert? Ganz genau erinnert an ihn, den Spitzel? Und das beschwört?

Ein Nachher gibt es nämlich immer, jede Ära hat ein Ende. Und wehe ihren Spitzeln, wenn sie nicht vorsorgen. Denn sie wissen doch, oft sogar von ihren Opfern – die überzeugenden Argumente erscheinen immer wieder in den Berichten –, daß es ein Nachher gibt. Und nur dafür, nur für die genauen Berichte mit den überzeugenden Argumenten, gibt es die Belohnung:

Geld oder etwas Wertvolleres als Geld, einen Reisepaß, eine Ausnahme, die Erfüllung eines Wunsches, die Villa, das Automobil, die Wohnung, die Straferleichterung, die vorzeitige Begnadigung.

Aber warum läßt sich das Opfer von seinem Spitzel beobachten? Warum bittet es ihn in seine Wohnung? Warum besucht es ihn? Warum vertraut es ihm ein gefährliches Geheimnis an?

Was für ein Mensch ist das Opfer? Ein vertrauensvoller? Ein in sich gekehrter? Einer ohne schlechte

Erfahrungen? Einer, der endlich einmal nicht mehr mißtrauen will? Endlich vertrauen? Müde vom aufmerksamen Sichern? (Sprich leise, sprich bitte von etwas anderm, sieh dich vor, woher kennst du den, den du gestern mitbrachtest?)

Du sollst nicht falsch Zeugnis reden wider deinen Nächsten, heißt das achte Gebot.

Aber Spitzel und Verräter sagen doch die Wahrheit?

Ein Verleumder verrät, was er heimlich weiß; aber *wer eines getreuen Herzens ist, verbirgt es,* steht in den Sprüchen Salomos.

Und: *Der Verräter offenbart des Nächsten Heimlichkeit,* heißt es in den Katechesen über den kleinen Katechismus Luthers von einem Herrn Pastor Albrecht in Recknitz. Drucken ließ er das Buch 1894 in Güstrow. Delila sei zur Verräterin an ihrem Mann geworden; denn sie habe den Philistern gesagt, worin seine Kraft lag – das wollte Simson natürlich geheimgehalten haben.

Und Judas verriet den Hohenpriestern, wo sie Jesus gefangennehmen konnten. Daß er sich erhängte, als er seinen Herrn gekreuzigt sah, habe ich erst als erwachsene Frau wahrgenommen. Im Religionsunterricht, in der Kirche, in der Osterzeit, im Konfirmandenunterricht, beim Anblick des Gekreuzigten am Altar oder als Kruzifix an goldener Kette am Hals einer Frau dachte ich nie an die Schuld des Judas, war vielmehr traurig, hatte Mitleid mit Jesus, weil sein Vater ihn verlassen hatte. Judas hielt ich schon immer für eine Nebenfigur, eine austauschbare, ein Verräter findet sich immer, rausgekommen wäre es doch, wo Jesus war, dachte ich, zumal er ja selbst gar nichts tat, um sich zu verbergen.

102

Aber, daß sein Vater ihn nicht bewahrte.

Geborgenheit, so denke ich auch heute, ist nicht von Dauer, kann entzogen werden. Man kann verraten, und man kann allein gelassen werden. Von heute auf morgen.

Aber, fragt der Pastor vor fast einhundert Jahren in seinem Buch, und das war fünfzig Jahre vor den Prozessen am Volksgerichtshof:

In welchem Fall darf und muß ich sogar sagen, was ich von meinem Nächsten heimlich weiß, zumal wenn es Böses ist?

Fettgedruckt steht als Antwort:

Wenn die Obrigkeit, oder die mir sonst vorgesetzt sind, es befehlen.

Ja, es giebt Fälle, schreibt der Pastor, *wo man des Nächsten Heimlichkeit offenbaren muß, ohne daß und ehe noch die Vorgesetzten es befehlen:*

Wenn du z. B. erfährst, daß dein Nächster irgend etwas Böses thun will, sollst du das ruhig geschehen lassen?

Nein, ich soll ihn ernstlich und freundlich davon abmahnen.

Was willst du aber thun, wenn er sich nicht abmahnen läßt?

So will ich es der Obrigkeit, oder denen, die ihm sonst vorgesetzt sind, anzeigen.

Aber es gibt doch notwendige Anzeigen. Stell dir vor, du erkennst einen Menschen von einem Fahndungsfoto wieder, er sitzt mit dir im gleichen Zugabteil. Und in der Zeitung hat die Polizei um Mithilfe der Bevölkerung gebeten.

Es käme darauf an, weshalb sie ihn suchen. Wenn es dabei stünde?

Könntest du dir denn etwa einen anderen Grund

denken, als daß die Gesellschaft, auch du, vor ihm geschützt werden muß? Es ist in deinem ureigensten Interesse, ihn zu fangen.

Warum fragst du, warum siehst du mich so an?

Die Vertrauensperson

Vorbemerkung

Vor dem Schwurgericht des Landgerichts Kassel fand vom 19. Oktober bis zum 16. November 1954 ein Prozeß statt, in dem die damals achtundfünfzigjährige Dagmar I., gebürtige Schwedin, Hausfrau und Witwe, wegen Beihilfe zum Mord vor Gericht stand.

Diesem Prozeß waren vorangegangen: ein polizeiliches Verhör in Schweden gleich nach dem Krieg (dabei wurden ihr Spionage und Denunziation vorgeworfen, sie leugnete, erlitt einen Nervenzusammenbruch und wurde von ihrer Mutter in die psychiatrische Klinik in Stockholm eingeliefert), die Ausweisung aus Schweden Ende 1946 (Dagmar I. wurde direkt aus dem Krankenhaus an die Militärregierung der britischen Besatzungszone Deutschlands übergeben), die Einreisesperre für Schweden, Einweisung in ein psychiatrisches Krankenhaus durch die britische Militärregierung (erst in eine offene Abteilung, dann in eine geschlossene), mit fünfzig Jahren die Polizeihaft, im gleichen Jahr die Einstufung als Hauptschuldige und die Verurteilung zu zehn Jahren Arbeitslager, die Entlassung aus der Arbeitslagerhaft nach drei Jahren (auf Grund einer allgemeinen Amnestie), der Einspruch der Staatsanwaltschaft gegen die Entlassung, die gerichtliche Untersuchungshaft, die mehrmonatigen stationären

Beobachtungen in der Psychiatrie von Universitäts-kliniken, ein Freispruch vor Gericht, der Einspruch der Staatsanwaltschaft gegen den Freispruch, ein Urteil des Bundesgerichtshofs, das Verfahren noch einmal durchzuführen.

Die Anklage 1954 warf Dagmar I. vor, in der Zeit von 1941 bis 1945, also von ihrem fünfundvierzig-sten bis zu ihrem neunundvierzigsten Lebensjahr, als Lockspitzel der Geheimen Staatspolizei gedient und dadurch die Verhaftung von sechzehn Men-schen, fünf Männern und elf Frauen, aus ihrer näch-sten Umgebung verschuldet zu haben. Drei Männer wurden zum Tode verurteilt:

Der vierundsiebzigjährige, pensionierte evangeli-sche Pfarrer Dr. Alfred K. und sein Freund, der Kunstmaler Heinrich W., wegen Abhörens und Dis-kutierens sogenannter „feindlicher" Sender, und der 56jährige katholische Pater Dr. Max Josef Metzger, der Begründer der Una-Sancta-Bewegung, weil er Anfang 1943 ein Manifest für ein neues Deutschland verfaßte, das er hohen englischen Geistlichen und der britischen Regierung zugedacht hatte. Der Pater wurde am 17. April 1944 hingerichtet.

Das Gericht 1954 beschuldigte die Angeklagte Dagmar I., sie habe den Pater in eine Falle gelockt, indem sie sich als seine engste Vertraute erbot, das Manifest heimlich nach Schweden mitzunehmen und dem schwedischen Erzbischof zu geben. Sie habe ihm dazu eine von der Geheimen Staatspolizei präparierte Schreibmaschine zur Verfügung ge-stellt.

Während man Dr. Alfred K., den führenden Kopf und Initiator einer Gesprächsgruppe, gleichzeitig ehemaliger Lehrer von Rudolf Heß, am 13. Februar

1943 zu einer Zuchthausstrafe von acht Jahren begnadigte, wurde sein Freund, der Kunstmaler Heinrich W., am 20. Februar 1943 hingerichtet.

Das Gericht 1954 warf der Angeklagten in diesem Zusammenhang vor, sich auf Anweisung der Geheimen Staatspolizei Zugang zu der getarnten Diskussionsgruppe des Dr. K. verschafft, von Silvester 1941 bis zum 6. Februar 1942 insgesamt fünfmal teilgenommen und durch ihre Berichte über jeden Teilnehmer und jede Teilnehmerin die Verhaftung der Gruppe am 6. Februar 1942 veranlaßt zu haben.

Das Gericht verhandelte 1954 einen Monat lang mit nur kurzen Unterbrechungen, ließ die Angeklagte psychiatrisch untersuchen, studierte zwanzig Beiakten, hörte die fünf überlebenden Opfer, die Angehörigen der Toten, die siebzig Zeugen der Anklage und der Verteidigung, die Gutachter und die Angeklagte, die sich widersprach und widersprach und leugnete und leugnete, bis zum Schluß, auch als der Kronzeuge der Anklage auftrat, der Beamte der Geheimen Staatspolizei, der sie angeleitet und ihr die Befehle übermittelt, ihre Berichte entgegengenommen und die Verhaftungen und Hausdurchsuchungen bei den Denunzierten vorgenommen hatte, ihren Decknamen kannte und alle Widersprüche erklären konnte.

Sie leugnete und legte nie ein Geständnis ab.

Dagmar I. wurde wegen Beihilfe zur schweren Freiheitsberaubung im Falle des Dr. Metzger zu einer Zuchthausstrafe von einem Jahr und drei Monaten verurteilt. Acht Monate Zuchthaus galten durch die Untersuchungshaft verbüßt.

Fünf Monate ihres Lebens war sie eine Zuchthäuslerin.

Sie hatte leugnen dürfen und wurde nicht, wie ihre Opfer, gefoltert, bis sie gestand.

Während ich dies schreibe, sitzt sie, dreiundneunzigjährig, vielleicht auf einer Bank im Park und ist seit vierunddreißig Jahren wieder frei.

Du, mein Richter, bist schön. Braunäugig. Kindlich. Du willst vermutlich gerecht sein. Höflich bist du, fast zart, mein lieber Richter.

Du ähnelst einem der elf, die als meine Opfer gelten, meine angeblichen Opfer. Du ähnelst Bruder Paulus, dem Geköpften. Er vertraute mir so. Ich war seine einzige Vertraute.

Vielleicht hast du Mitleid mit mir? Ich könnte doch deine Mutter sein.

Ja, diesen Satz werde ich einmal sagen, wenn du mich aufstehen läßt und befragst nach irgendeiner dieser Zeugenaussagen, mit denen du mich überführen willst.

Ich werde aufstehen, dich ansehen und leise sagen, so leise, daß du mich auffordern mußt, etwas lauter zu sprechen, damit ich im Saal auch zu hören bin, ich werde es also zweimal sagen können (in Deutschland ist das ein magischer Satz):

Ich könnte Ihre Mutter sein! (Das hast du eben zu deiner Mutter gesagt, so sprichst du also zu deiner Mutter, du solltest dich schämen, so zu deiner Mutter zu sprechen, nach allem, was ich für dich getan habe, für dich entbehrt, gelitten, du kamst unerwünscht, die berufliche Karriere hast du mir unterbrochen, ja' abgebrochen, die beschwerliche Schwangerschaft, die schwere Geburt, ohne dich wäre ich nicht bei deinem Vater geblieben, ohne dich hätte ich wieder heiraten können, aber eine Witwe mit Kind bei der Konkurrenz nach dem Krieg? Deinetwegen habe ich auf alles verzichten müssen, auf eine neue Familie, Reisen, unbeschwerten Reichtum, meine Begabungen konnte ich nicht entdecken, meine Interessen nicht befriedigen, viel Geld mußte ich für dich ausgeben, weißt du überhaupt, wieviel materielle Opfer ein Kind fordert?

Undankbar bist du, so sprichst du mit deiner Mutter, es wird dir noch einmal leid tun.)

Ich könnte Ihre Mutter sein, Herr Richter.

Meine Tochter ist von mir weggegangen, so weit weg, wie man nur gehen kann – sie hat nach Amerika geheiratet.

Ich besuchte meine Mutter zweimal im Jahr zu Hause in Schweden, aber meine Tochter kommt nicht einmal zu meinem Prozeß.

Daß sie mich nur noch verabscheue, schrieb sie mir in dem einen Brief nach dem Krieg. Dann schrieb sie niemals mehr. Seitdem bin ich für sie tot.

Meine Mutter ist auch tot, meine schöne Mutter in Schweden. Sie hat mich enterbt zugunsten meiner Tochter, angeblich, damit das Vermögen nicht nach Deutschland kommt. Nicht gegönnt hat sie es mir.

Zu den Verrückten hat sie mich gebracht, nach dem Krieg in Stockholm, zu den Verrückten, angeblich, um mich vor dem Gericht zu schützen.

Aber ich war nicht verrückt, ich habe mich nur verfolgt gefühlt, weil alle soviel über mich zu wissen vorgaben. Ein Netz von Vermutungen und Vorwürfen hatten sie über mich geworfen.

Auch meinen Vater hat sie zu den Verrückten gebracht. Auch ihn haben sie nicht lange dort behalten.

Er durfte wieder zu ihr nach Hause, während mich Schweden, mein eigenes Heimatland, nach Deutschland auslieferte. Nie mehr durfte ich zu ihr. Nie mehr durfte ich sie sehen.

Nun sind sie beide schon lange tot.

Mein Mann ist tot, das weiß ich genau: er starb auf der Flucht von Bergen-Belsen nach Hamburg, zwei Wochen vor dem Ende des Krieges.

Fast den gesamten langen Krieg über war er bei mir gewesen, kurz vor Kriegsende hatten sie ihn noch eingezogen, mit dem letzten Aufgebot, den Alten, den Rentnern, den Krüppeln und den Kindern: ihn, den Frühpensionär.

Als richtiger Soldat war er nicht zu gebrauchen mit seinem Halsschuß aus dem ersten Weltkrieg. Nun ließen sie ihn im Konzentrationslager arbeiten, in der Postzensur, wenn man das Arbeit nennen kann.

Mit der Durchsicht von Geschriebenem hatte er allerdings Übung: bis zur Pensionierung waren es die Aufsätze seiner Schüler und danach im Krieg meine Aufzeichnungen. Immerhin hat er sie mir drei Jahre lang in gutes Deutsch gebracht.

Ihm ist im Leben doch nichts gelungen. Ein Verlierer war er, bis zuletzt:

Er starb auf der Flucht an Fleckfieber. Nicht an einer Verwundung wie die anderen, richtigen Soldaten.

Trotzdem bekam ich für ihn Kriegerwitwenrente. Ein schöner Krieger.

Auch Sie, Herr Richter, fragen mich nach meiner Ehe.

Wie oft schon mußte ich die Fragen nach meinem Mann beantworten. Als ob er Schuld hätte. Niemand zwang mich, bei ihm zu bleiben, auch er nicht.

Er wollte gern mit mir leben und ich mit ihm, wir beide aus unterschiedlichen Gründen.

Als ich diesen Mann während meiner ersten Deutschlandreise kennenlernte, kam er mir vor wie eine gepanzerte Schnecke: ganz allein, ohne Fühler nach außen.

Er hat sich sozusagen meiner Fühler bedient: die reichten aus für zwei.

Und ich: Ich gebrauchte seinen Panzer. Der wurde nur später zu eng für mich.

Mit sechsundzwanzig Jahren war es höchste Zeit zu heiraten. Wer sollte mich ernähren, wenn nicht ein Mann? Weiterhin meine Eltern?

Ich hätte selbst arbeiten müssen, aber was? Mein Vater hat mir ja nicht erlaubt, den Beruf zu erlernen, den ich gern ausgeübt hätte: Krankenpflegerin.

Keine Arbeit außer Haus hat mir mein Vater erlaubt.

Seit meiner Eheschließung lebte ich von dem Lehrergehalt und von der Beamtenpension meines Mannes und nun von der Rente als seine Kriegerwitwe. Ja, er ernährt mich, zuerst direkt und nun sozusagen indirekt, seitdem ich mich mit ihm verband.

Wenn man von den drei Jahren Arbeit im Arbeitslager absieht, habe ich außerhalb des Hauses noch nie gearbeitet, geschweige denn Geld verdient.

Das Gesicht meines Mannes kann ich mir nur noch schwer vorstellen, aber ich bewahre Fotos auf:

Darauf sieht mich ein trockener, strenger und einseitiger Mann an.

Ich erinnere mich nicht, ihm das jemals vorgeworfen zu haben: denn ich war und bin auch nachträglich überzeugt, daß ein Mensch seine grundlegende Einstellung zum Leben und zu den Menschen niemals tiefgreifend verändern kann.

Er war zuverlässig, und mehr habe ich nicht von ihm verlangt.

Seine Fächer Religion, Deutsch und Geschichte gab er ohne Humor und ohne Sympathie für seine Schüler. So konnten ihn weder seine Schüler noch seine Kollegen und Vorgesetzten leiden.

In den ersten Jahren unserer Ehe wurde er jedes Jahr versetzt. So mußten wir nach jedem Schuljahr alles einpacken und mit unserm kleinen Kind in eine andere Wohnung in einer anderen Stadt umziehen: von Stettin nach Anklam, von Anklam nach Wittenberg, von Wittenberg nach Halberstadt. Dort durften wir zum ersten Mal länger bleiben: nämlich elf Jahre lang.

Er trat gleich am Anfang des neuen Reiches in die Sturmabteilung und ich in die Frauenschaft ein. Aber das nutzte ihm nichts: schon ein Jahr später mußte in seiner Schule eine Stelle eingespart werden, und die Wahl fiel auf seine. Da haben sie ihn schließlich vorzeitig pensioniert: mit vierzig Jahren.

Und das, muß ich sagen, ist mir nahegegangen: es war mir unaussprechlich peinlich. Was sollte man den Leuten antworten, wenn sie fragten, wovon wir lebten?

Sollte ich etwa in der Provinz an der Seite eines verbitterten, verknöcherten, gescheiterten Mannes enden?

Ich bekam einen Nervenzusammenbruch und ging für ein paar Monate in ein Sanatorium im Harz, eigentlich, um in Ruhe überlegen zu können.

Dort erkannte ich, daß mein Leben nicht zu Ende war, sondern daß es nun, mit neununddreißig Jahren, anfangen konnte.

Erstens, wir hatten durch seine Pension ein regelmäßiges Einkommen, ohne daß er täglich in die gehaßte Schule mußte, um die Demütigungen der Antipathie auf sich zu nehmen.

Zweitens, wir konnten dorthin ziehen, wo wir wirklich wohnen wollten, dorthin, wo uns keiner kannte, dorthin, wo ich vielleicht zum ersten Mal ins Kino, ins Theater gehen konnte.

Und drittens, ich war alt genug, um, ohne ins Gerede zu kommen, allein oder mit Bekannten, die ich vielleicht am neuen Wohnort finden könnte, in ein Café zu gehen, ich war alt genug, vielleicht auch einmal eine Reise außer den regelmäßigen nach Schweden zu machen, zweimal im Jahr.

Freunde mußten wir nicht zurücklassen. Wir hatten keine.

Vielleicht wäre es mir möglich, dachte ich damals, in dem neuen Leben zum ersten Mal einen Bekanntenkreis aufzubauen, weil ich ja wüßte: Hier, in dieser Stadt, können wir bleiben, von hier werden wir bestimmt nicht versetzt.

Als ich noch im Sanatorium lag, erreichte meinen Mann das Angebot, das Archiv einer christlichen Studentenorganisation, deren Mitglied er früher war und für deren Zeitschrift er sein gesamtes bisheriges Berufsleben hindurch Beiträge geschrieben hatte, auszubauen.

Dieses Archiv befand sich in der vornehmen Villa einer schönen, alten hessischen Stadt. Und das Angebot umfaßte außer einer guten Honorierung (zusätzlich zur Pension) auch die Möglichkeit, kostenlos eine Etage dieser Villa als Dienstwohnung zu nutzen.

Ich sah in dem Angebot sofort die ersehnte mögliche Wendung meines Schicksals, überredete ihn, anzunehmen, und er fügte sich.

Wir zogen wieder um: unser letzter gemeinsamer Umzug.

Ich hatte mich nicht getäuscht: Wir gehörten durch die neue Stellung meines Mannes endlich zu den angesehenen Bürgern einer Stadt.

Doch bei unseren Antrittsbesuchen spürte ich, daß für meinen Mann das alte Leben weitergehen sollte: Flucht vor allen Menschen, Kontakt nur mit mir und unserer Tochter.

Aber für mich war das alte Leben zu Ende. Ich bemerkte, daß sich an jedem Mittwoch vier Männer zu einem Dämmerschoppen in unserm Archivhaus trafen (sie waren, wie mein Mann, ehemalige Mitglieder der christlichen Studentenorganisation). Ich erfuhr, daß darüber hinaus auch deren Familien zusammenkamen, allerdings nur einmal im Monat.

Ich schlug den Herren vor, daß von nun an ich, als Frau des Archivleiters, ihre Treffen und auch die ihrer Familien organisieren könnte, und mein Mann, der mich in der Öffentlichkeit nicht brüskieren wollte, stimmte resigniert zu.

So entwickelte ich unser Haus von Anfang an zu einem kleinen gesellschaftlichen Zentrum, allerdings nur für die vier, die noch dazu alle Theologen waren.

Leider hatte ich in den ersten Jahren keinen Zugang zu anderen Familien: die Offiziers-, Künstler- und Professorenkreise blieben mir verschlossen, obwohl ein Professor in der Stadt sogar mit einer Schwedin verheiratet war. Das wußte ich aus der Kartei der Auslandsschweden, um deren Führung ich mich sofort nach dem Umzug bemüht hatte und die mir auch übertragen worden war.

Wer erledigt schon gern Schreibarbeiten?

Trotzdem war es aber kein Vergleich mit dem tristen Leben der ersten vierzehn Ehejahre: unser Einkommen doppelt so hoch wie früher, so daß ich meine Reisen nach Schweden nicht mehr wie bisher nur mit der Bahn, sondern oft mit dem Flugzeug machen konnte, und unsere Wohnverhältnisse noch nie so angenehm.

Da wurde ich, genau wie mein Mann, Mitglied der Partei. Weil ich *ja* zu der Zeit sagen konnte, wollte ich auch richtig dazugehören.

Das kann doch, von heute aus gesehen, nicht verboten sein.

Leider hörten meine Reisen nach Schweden auf, als vier Jahre später der zweite Weltkrieg begann.

Um Deutschland verlassen zu dürfen, benötigte man seit Kriegsbeginn einen Sichtvermerk der Geheimen Polizei im Reisepaß. Warum sollte sie mir eine solche Ausnahmegenehmigung erteilen? Hätte ich keinen Deutschen geheiratet, hätte ich nicht in den deutschen Grenzen festgesessen und mich frei in der ganzen Welt bewegen können. Statt dessen mußte ich in einem kriegführenden Land mit allen Einschränkungen der Kriegswirtschaft leben.

Die vier Männer trafen sich weiter bei uns.

Der erste: ein Pfarrer, der sich später im Keller der Geheimen Polizei aufgehängt hat, einen Tag bevor an seine Freunde ein Haftbefehl erging – wer weiß, was er über die verraten hatte?

Der zweite: auch ein Pfarrer, der geäußert hatte, bei ihm würde die Geheime Polizei bei einer Haussuchung nichts finden, den die Geheime Polizei nach der Haussuchung wirklich laufenlassen mußte (denn sie hatte nichts gefunden, und er hatte nichts gestanden), und der hellhörig wurde, weil ihm als Grund für die Haussuchung gerade diese Äußerung vorgehalten wurde. Er wußte, daß er das nur einmal und nur bei uns und nur in Gegenwart der anderen drei Theologen, meines Mannes und mir gesagt hatte. Nur einer von fünf seiner nächsten Bekannten konnte ihn also denunziert haben, wurde ihm beim Verhör geradezu schlagartig klar: nur einer von uns fünf.

Der dritte: ebenfalls ein Pfarrer, dessen Vermittlung ich sieben Monate nach Kriegsbeginn meine Reiseerlaubnis nach Schweden verdankte, der kurz darauf nach Amerika zurückging, in das Land also zurückging, in das er schon einmal ausgewandert war.

Und der vierte: der Gelehrte, der jeden Freitag, das munkelte man, selbst einen Zirkel bei sich zu Haus hatte, geladene Gäste, zu denen ich jahrelang nicht gehörte, obwohl er immer bei uns hockte, jeden Mittwoch. Er kam sich wohl zu fein für uns vor mit seinen Damen und dem Bildermaler. Ihn hat die Geheime Polizei in meiner Gegenwart mitsamt seinem ganzen Freitags-Kränzchen eines Tages verhaftet.

Ja, ich war die letzten fünf Male dabei. Schließlich hatte er sich nämlich ergeben und mich zum Silvesterabend 1941 zu 1942 doch noch eingeladen, zum ersten Mal, gewartet hatte ich darauf sechs Jahre.

Ihn haben sie sogar zum Tode verurteilt.

Er hatte aber Glück. Nachdem er fünf Monate in strenger Einzelhaft auf einer dünnen Matratze auf dem Fußboden an Händen und Füßen gefesselt, hungernd, bei einer Größe von 1,75 m auf 58 kg abgemagert, mit Eitergeschwüren bedeckt und frierend, auf seine Hinrichtung gewartet hatte, wurde er auf die Fürsprache von fünf Universitäten und mehrerer hochgestellter Persönlichkeiten zu einer Zuchthausstrafe von acht Jahren begnadigt, und die brauchte er auch nur drei Jahre lang abzusitzen, dann war der Krieg schon zu Ende, und er wurde von den vorrückenden amerikanischen Truppen befreit.

Er starb dann neun Monate später, achtundsiebzigjährig, auf einer Reise an einem Herzschlag.

Ein Todesurteil war es also doch.

Schrecklich, die Männer sind alle tot, die damals zusammenkamen, nur der dritte, der mir zu der Ausreiseerlaubnis verhalf, hat in Amerika überlebt.

Von den Frauen sind zwei tot: zwei von den acht Damen des Gelehrten. Von den übrigen sechs glaubte ich nur einer, daß sie nichts mit ihm hatte. Außer dieser Frau und mir kamen alle ins Zuchthaus oder ins Konzentrationslager:

Die eine, sie war eine Jüdin aus Wien und die Frau des Kunstmalers, wurde dort vergast, und die andere, die Frau eines gelähmten Professors, starb eine Woche nach der vorzeitigen Entlassung aus dem Gefängnis zu Weihnachten an Krebs.

Alle haben sie büßen müssen. Für ihren Hochmut.

Alle haben etwas gestanden, auch wenn es nicht das gemeinsame Abhören und Diskutieren der Nachrichten des Londoner Rundfunks war, dessen sie beschuldigt wurden, selbst wenn es sich nur um eine Musiksendung von Radio Beromünster handelte, denn das war auch verboten.

Was haben die denn, Herr Richter, erwartet, wenn sie etwas Verbotenes gestehen? Daß sie belohnt werden?

Man sagt doch nicht die Wahrheit, wenn man dafür bestraft wird.

Alle haben irgend etwas gestanden, nur ich nicht. Darum bin ich nie bestraft worden, habe ich immer gesagt. Darum bin ich nie bestraft worden, Herr Richter, sage ich auch heute.

Immer wieder nach dem Krieg haben mich die Gerichte zu den Verrückten in die Anstalt gebracht, zur sogenannten Begutachtung. Immer wieder haben mich die Ärzte zurück zum Gericht geschickt.

Alle waren sie ratlos mit mir: denn ich sagte, daß ich unschuldig war.

Was Ihre Zeugen, Herr Richter, alles wissen, was sie erinnern. Es sind doch schon so viele Jahre, gnadenvolle, vergessenmachende Jahre, vergangen.

118

Die Asche der Frau hat sich mit Erde vermischt. Und Gras ist über die Gräber der beiden Männer gewachsen. Der Kopf ist ihnen wohl im Sarg wieder aufgesetzt worden?

Wo sollte der Kopf sonst hin als an die richtige Stelle? Geköpft und dann wieder aufgesetzt.

Lagen die Hingerichteten mit offenen Augen im Sarg? Oder ob sie den Geköpften die Augen, in dem abgeschlagenen Kopf, vorher schlossen? Und wer tat es? Ein Arzt? Mußte der Tod noch extra festgestellt werden? Wollte es die Ordnung? War es ein Vorrecht des Scharfrichters? Das Recht der letzten Nacht? Das er sich nicht nehmen ließ? Durften oder mußten das die Gehilfen machen?

Es ist Vergangenheit.

Wer mordet, hat Macht. Wer die Macht hat, darf richten. Aber ich habe nichts Böses getan: ich war machtlos.

Der Tod muß sein, der Tod gehört schließlich zum Mord, Herr Richter. Warum macht man sich sonst die Mühe des Mordens? Und es ist eine Mühe.

Ein Mord erfordert einen Vorsatz und eine Vorbereitung, das haben Sie studiert und mußten es für die Prüfung wiederholen. Und ein niederes Motiv: Gier nach Geld, Macht oder Sex. Das niedere Motiv ist das wichtigste von der Dreieinigkeit. Ein kleiner Fanatismus (er muß nicht durchdacht sein) in der Weltanschauung, der Politik, der Religion entschuldigt den Mörder, der Mörder ist kein Mörder mehr, denn: ein mildernder Umstand ist da.

Aber ich brauche diesen mildernden Umstand nicht: ich bin keine Mörderin.

Ich soll darüber nachdenken, was ich beim Jemand-anders-weghaben-Wollen empfand, und Sie,

Herr Richter, wollen ein Geständnis? Alles steht in den Akten:

In Schweden als Kind schwedischer Eltern geboren und bei diesen Eltern bis zum 26. Lebensjahr in Schweden gelebt, behütet, als Einzelkind, als höhere Tochter, in einer Kleinstadt.

Auch Sie, Herr Richter, können es nicht glauben.

Mein Vater Landwirt, später Direktor einer Aktiengesellschaft, erzog mich gemeinsam mit meiner Mutter christlich-religiös und kirchlich, ließ mich am Wohnort die höhere Schule bis zwei Jahre vor dem Abitur besuchen. Statt eines Berufs ließ er mich lernen, was nach seiner Meinung jede höhere Tochter lernen sollte: wie man den Haushalt führt, Porzellan bemalt und fremde Sprachen spricht.

Ich lebte in dieser Kleinstadt immer bei meinen Eltern. Ich müßte, werden Sie, Herr Richter, gleich sagen, die Meinungs- und Pressefreiheit und die Achtung vor den demokratischen Rechten des Einzelwesens, wie sie in Schweden verteidigt werden, als selbstverständlich kennengelernt haben.

Ja, Sie sagen es.

Mit sechsundzwanzig Jahren fuhr ich nach Stettin, das gehörte damals noch zu Deutschland, lernte einen Studienrat kennen, verlobte mich mit ihm und heiratete ihn noch im Oktober des gleichen Jahres. Im nächsten Jahr wurde meine Tochter geboren, auch das einzige Kind, wie ich.

Wissen Sie, Herr Richter, überhaupt, was Ausgeschlossensein bedeutet? Das ist viel schlimmer als Einsamkeit.

Ausgeschlossen sein, von denen, zu denen man gehören möchte?

Man geht auf einer dunklen kalten Straße an er-

120

leuchteten Fenstern vorbei, hinter denen man lebendige lachende Frauen und Männer sieht.

Ich bin sicher, Sie, Herr Richter, gehören zu den Menschen, die in der Wärme sitzen, und nicht zu denen, die in der Kälte stehen.

Schweden will mich nicht mehr. Aus meinem eigenen Heimatland haben sie mich verjagt, weil ich angeblich eine Spionin bin.

Seit Jahren werde ich verhört, verdächtigt, angeklagt, eingestuft, in Arbeitslager gebracht, begutachtet in geschlossener Psychiatrie.

Immer wieder mußte man mir die Türen aufschließen, nach außen. Auch Sie werden mich wieder in die Freiheit entlassen müssen, Herr Richter.

Als unbescholtene Frau werde ich Sie schon im nächsten Jahr auf der Straße treffen, wenn Sie mit Ihrer Frau spazierengehen.

Ich werde in dieser Stadt bleiben. Ich kenne alle zu gut.

Ich habe mir nichts vorzuwerfen. Ich werde kein Wort vergessen, das gegen mich gerichtet war. Und meine Rache wird sehr schmerzhaft sein.

Sie sind schön, Herr Richter, aber Sie wissen zu wenig vom Leben.

Sie denken in Schablonen.

Sie denken schon in mildernden Umständen: Gepflegtes Elternhaus, aber beengt, dann geordnete Ehe, aber langweilig. Dabei habe ich mich in meinem ganzen Leben noch nie gelangweilt. Atemlos, spielerisch war ich.

Mein Leben hat mir geschmeckt. Meine Ohren brachten mir Lust, wie gern hörte ich Stimmen, Flüstern. Wie gern höre ich mein gebrochenes Deutsch, mit dem schwedischen Akzent.

Wie liebe ich es, mein Gesicht im Spiegel zu betrachten: es ist mir immer wieder unbekannt.

Niemals erinnere ich mich an diese Augen. Sie sehen mich an. Wem gehören sie? Wenn ich sie schließe und mit der Zunge über meine warmen Lippen streiche, dann weiß ich: Ich bin in mir.

Und wenn ich meine Augen öffne und in die Augen der andern Menschen sehe, auch in Ihre, Herr Richter, dann spüre ich unser Einverständnis:

Ja, du bist schön.

Ja, ich bin schön.

Ich seh etwas, was du nicht siehst, und das ist rot.

Sind Sie, Herr Richter, bei diesem Spiel immer bei Ihrem zuerst gewählten Gegenstand, zum Beispiel dem Buchrücken, geblieben?

Wenn Ihr Buchrücken zu schnell geraten wurde, sind Sie dann nicht heimlich (denn niemand konnte Ihnen beweisen, daß Sie eigentlich den Buchrücken meinten), immer aus Angst vorm Ende des Spiels, sind Sie dann nicht heimlich zur Geranienblüte, zum Lampenschirm, zu den Lippen Ihres Nachbarn, zu den Pumps der Gastgeberin geflohen?

Ich habe es schon als Kind genossen, daß mir niemand meine Gedanken nachweisen konnte.

Ich habe gespürt: Die Gedanken sind frei, die Vorstellungen sind frei, die Wünsche sind frei.

Ich weiß noch, wie ich im Literaturunterricht lachen mußte, als wir Don Carlos durchnahmen: Geben Sie Gedankenfreiheit, Sire. In Diktaturen gibt es danach manchmal Szenenapplaus: Geben Sie Gedankenfreiheit, Sire.

Ich könnte mich totlachen über diese Sentimentalität. Ich kann doch nicht etwas fordern, was ich sowieso habe: Geben Sie mir meine Nase, Sire. Szenenapplaus. Jetzt hat es der Dichter den Mächtigen aber wieder einmal gegeben. Er spricht etwas aus, was wir alle denken. Ja, wir wollen Gedankenfreiheit. Wenigstens Gedankenfreiheit.

Ihr habt sie doch, jeder hat sie, ihr Schlurfköpfe.

Der Beweis?

Wenn ich mir jetzt zum Beispiel vorstelle, Herr Richter, daß sich die Tür des Gerichtssaals öffnet: Herein kommt die Polizei, geht auf Sie zu, führt Sie ab, alle im Saal schweigen verstört oder verängstigt, niemand beschützt Sie, die Polizei schließt Sie in eine Grüne Minna ein, führt Sie in einen Vernehmungsraum und übergibt Sie der Geheimen Polizei. Sie sehen den Vernehmer nicht, denn er richtet den Scheinwerfer auf Sie, nun müssen Sie stehenbleiben die nächsten Stunden, der Vernehmer liest Ihnen vor, was Sie gesagt haben, im kleinsten Kreis.

Wie kann der Vernehmer alles das wissen? Wer kann ihm das alles gesagt haben, Wort für Wort? Es ist ja wahr.

Wer war noch in dem Raum? Es ist unmöglich, daß er das alles weiß ohne Verräter. Einer muß Sie verraten haben, einer, dem Sie vertrauten. Oder war es eine?

Der Vernehmer sagt nun, daß er alles weiß, Leugnen kostet nur Schlafenszeit.

Alle anderen haben schon gestanden, das heißt, sie haben eben nicht gestanden, sagt der Vernehmer, alles haben die andern auf Sie gewälzt, Sie sind der Anstifter, überredet haben Sie, Herr Richter, die andern, verführt die Ahnungslosen, aber nun haben Ihre Freunde endlich Schluß machen können mit dem Schmutzkübel-Ausschütten über das herrschende System, dem sie so viel, alles, verdanken, wie erleichtert sind Ihre Freunde, sagt der Vernehmer, daß sie sich endlich wieder ehrlich machen können, nichts zu tun haben wollen Ihre Freunde mehr mit Ihnen, Herr Richter, und sie fordern die härteste Strafe für Sie, oh, wenn Sie doch unschädlich gemacht werden könnten, sagen die Freunde, sagt der Vernehmer, Herr Richter. Ein für allemal.

Es ist nicht Vorbereitung zum, nein, sagt der Vernehmer, es ist: Landesverrat, Hoch- und Landesverrat.

Darauf kann es nur die Todesstrafe geben, da ist sich der Vernehmer sicher.

Es sei denn, Sie leugnen nicht länger, geben Ihr trotziges, hartnäckiges Leugnen auf.

Der Vernehmer möchte Ihnen nicht zu nahe treten, aber das Leugnen ist auch dumm.

Ganz im Vertrauen kann sich der Vernehmer nicht vorstellen, daß es so ist, wie Ihre Freunde sagen, Herr Richter. Etwas werden die auch zum Gespräch beigetragen haben. Obwohl die das leugnen.

Aber wenn die Freunde nicht so gelacht hätten, ja, hätten Sie denn, Herr Richter, überhaupt so staatsfeindliche Gedanken geäußert, so ganz und gar destruktive Meinungen?

Und wenn Ihnen Ihre Freunde nicht soviel Material aus der Wirklichkeit geliefert hätten, zum Beispiel Ihr Freund, der Lehrer, über die Witze der Schüler:

Gott erhalte den A (das ist ein toter Freund des Mächtigsten), Gott erhalte den B (das ist ein weiterer toter Freund des Mächtigsten), Gott erhalte den C (das ist der Mächtigste selbst). A hat er schon erhalten, B hat er schon erhalten. Er erhalte alle drei.

Natürlich, es sind Kinderwitze, und sie werden über jeden Machthaber erzählt.

Sie haben es herausgefordert, daß Ihr Freund, der Lehrer, Ihnen diese Witze seiner Schüler wiedererzählt hat.

124

Er hat aber ausgesagt, daß Sie ihm diese Witze erzählten und ihn anstachelten, weitere zu erzählen, vor den andern, die zum Teil auch Lehrer waren.

Er hat auch gesagt, daß Sie die Regierung dumm finden, einen dümmer als den andern, eitel, machtgierig, verkalkt: Der eine hat goldene Wasserhähne, der andere eine eigene Insel, der dritte einen rosafarbenen Lederjagdanzug.

Sie sollen erzählt haben, daß der mit dem rosanen Anzug eine Trophäe über dem Vertiko wollte, einen Elchkopf, und ihm darum der einzige zahme Elch des ganzen Landes zugeführt wurde, vor die Flinte, aber ein anderer hat geschossen, damit der Kopfschuß an der richtigen Stelle sitzt und beim Präparieren nicht so stört.

Wir glauben nicht, daß Sie das erzählt haben, ich sagte es schon, beruhigt Sie der Vernehmer, Herr Richter, als er Sie zwingt, sich auszuziehen und hinzuhocken, die gefesselten Hände über die Knie zu ziehen, dann einen Stock zwischen Ellenbeugen und Kniekehlen steckt und Sie umstößt.

Ja, da liegen Sie, hilflos wie ein Käfer auf dem Rücken und rufen nach der Demokratie und den Menschenrechten und bekommen den ersten Tritt ins Gesicht von Ihrem freundlichen Vernehmer, der Hysterie einfach nicht mag, Hysterie nicht und Lügen nicht und falsche Kameraderie nicht und Märtyrertum schon überhaupt nicht. Denn hier gibt es nichts, mit Stolz zu leiden, hier gibt es eine Unterschrift unter das Geständnis zu schreiben, damit endlich Feierabend ist.

Ihretwegen muß er zum Geburtstag seiner Gattin zu spät kommen: nur weil Sie in falsch verstandener Solidarität alle Ihre sogenannten Freunde schützen wollen. Niemand ist mit Ihnen solidarisch. Er, Ihr Vernehmer, würde sie allerdings nicht als Freunde bezeichnen – darum verwendet er ja auch die zusätzliche Charakterisierung „sogenannte" –, da sie sich in der Not eben doch nicht bewährt haben.

Und in der Not befinden Sie sich schon, Herr Richter: weil Ihnen das Todesurteil droht, von dem es nach den Erfahrungen der letzten Monate keine Begnadigung gibt.

Es müßte Sie ja derselbe begnadigen, den Sie so beleidigt haben, wenn es stimmt, was Ihre Freunde angegeben haben.

Nun wollen wir, sagt der Vernehmer – schon nicht mehr so geduldig –, doch die Schuldfrage endlich gerecht klären:

Wer hat nun was wann wo in wessen Beisein zu wem gesagt?

Und was hat der andere entgegnet?

Man kann sich doch hier nicht nur, schreit der Vernehmer Sie an, zwischen lauter krankhaften, feigen Lügnern befinden, die sich vor Angst um ihre Haut in die Hosen machen.

Was fließt da aus Ihrem Mund?

Beschmutzen Sie nicht den Fußboden.

Lecken Sie ihn sauber.

Was für dünnes Blut du hast, sagt der Vernehmer und rührt in Ihrem Blut, das sah ich sonst nur aus Schweinen fließen bei meinem Vater, dem Metzger. Ich wiederhole noch einmal für Begriffsstutzige wie dich langsam und verständlich:

Alle deine sogenannten Freunde liegen schon mit ihren Frauen oder wem weiß ich im Bett, weil sie ihre Aussagen und, wenn nötig, ihre Geständnisse unterschrieben haben und nach Hause entlassen werden konnten.

Auch dich würden wir, sagt der Vernehmer und drückt eine Zigarette an Ihrem Hals, Herr Richter, aus, auf der Stelle, zwar nicht gleich nach Hause, aber doch in deine ruhige Einzelzelle bringen.

Denn auf die Wunden muß ja ein Verband, Hygiene wird im 20. Jahrhundert, noch dazu in Europa, groß geschrieben, nicht wahr?

Nur die Unterschrift fehlt, Vor- und Zuname.

Das Geständnis liegt schon maschinengeschrieben vor.

Es muß vorliegen. Womit soll der Richter sonst operieren? Wir haben einen Rechtsstaat. Ohne Geständnis kein gerechtes Urteil.

Dann eben keine Unterschrift.

Sie werden schon noch unterschreiben.

Ich sehe Sie schon wimmern auf dem nassen Kellerfußboden ohne Decke.

Aber es ist Ihre Schuld: Warum haben Sie Menschen vertraut? Nicht nur einem, nein, mehreren? Und jetzt wissen Sie nicht, wer Sie verraten hat. Oder sollen Sie an ein Abhörgerät glauben? Der Vernehmer wußte zu gut Bescheid über die Gespräche der letzten Wochen.

Jedoch, er hielt Ihnen auch Einzelheiten vor, die man nur mit den Augen registrieren kann.

Abgehört und ein Verräter, oder nur ein Verräter, oder mehrere?

Niemand, Herr Richter, auch Sie nicht, niemand kann mir diese Gedanken ansehen.

Die Gedanken sind frei, Herr Richter, wer kann sie erraten? Sie fliegen vorbei wie nächtliche Schatten, kein Mensch kann sie wissen und so weiter.

Ihr Gesicht ohne Verletzung.

Gleich werden Sie in der Verhandlung eine Mittagspause anberaumen und mit Ihren Beisitzern, vielleicht auch nur mit Ihrer aparten Beisitzerin, in die Cafeteria zum Essen gehen als freier Mann, wäh-

rend mich der Wachtmeister in das Untersuchungsgefängnis zum Essenkübel bringt.

Das ist der beste Beweis.

Ich seh etwas, was ihr nicht seht, und das ist Blut.

Am Tod des Gelehrten bin ich unschuldig. Nein, da
ist nichts zu gestehen.

Er war ein ungewöhnlich erotischer Mann, klug,
gebildet, welterfahren. Das genaue Gegenteil zu meinem Mann.

Er war achtundzwanzig Jahre älter als ich und
lebte allein. Natürlich nur in seiner Wohnung – er
hatte viele Frauen, das fand ich bald heraus.

Jedesmal, wenn er, eigentlich nur routinemäßig
oder höchstens aus alter Verbundenheit mit den
drei anderen Männern, den ehemaligen, nun altge-
wordenen christlichen Studenten, mittwochs zum
Dämmerschoppen in unser Haus kam, freute ich
mich und versuchte, seine Aufmerksamkeit zu erre-
gen.

Aber es gelang mir nicht.

Er hatte Philosophie und Theologie studiert und
war vor dem ersten Weltkrieg Pfarrer und Direktor
der deutschen Schule in Alexandrien, in dieser Funktion auch acht Jahre der Lehrer des später zweit-
höchsten Mannes im Staat.

Nach dem ersten Weltkrieg ließ er sich als Pfarrer
pensionieren, das war seine freiwillige Entscheidung
und wurde ihm nicht aufgezwungen wie meinem
Mann nach beruflichem Versagen.

Er studierte trotz der Pensionierung noch Geogra-
phie, Archäologie und Ägyptologie, promovierte, verfaßte wissenschaftliche Aufsätze und hielt viele Vorträge über Ägypten und den Orient. Ich bewunderte
ihn.

Nur am Anfang begrüßte er das neue Reich, ging aber bald in ironische Distanz zu dem ganzen System und sammelte, besonders nach der Flucht seines ehemaligen Schülers – während des Krieges nach England –, Gleichgesinnte in seiner Wohnung, um mit ihnen den englischen Rundfunk zu hören und über die gehörten Sendungen zu diskutieren.

Die Freitag-Abend-Treffen tarnte er als Freitags-Kränzchen. Dazu lud er ein:

Einen Kunstmaler, der den Sender genau einstellte, verheiratet mit dieser jüdischen Frau und befreundet ausgerechnet mit einer Krankenpflegerin, die drei bildeten den Stamm.

Dazu kamen, nicht regelmäßig:

Eine Medizinstudentin, mit deren Mutter er früher befreundet war, eine Lehrerin und die Filialleiterin eines Milchgeschäftes, es waren also überwiegend Frauen, und zwar junge anziehende Frauen.

Ich fühlte mich zurückgesetzt und ausgeschlossen, war neugierig und in meinem Stolz verletzt: denn ich wollte auch gern dazugehören.

Ich fragte mich: Warum lädt er mich nicht ein?

Sind es seine Vorbehalte gegen mich, weil ich zu ungebildet bin, keinen Beruf habe? Ist es sein Mißtrauen, weil ich Mitglied der Partei bin und er sich als Gegner versteht? Ist es seine Gleichgültigkeit gegenüber meinem Mann und mir? Kommen wir ihm vielleicht gar nicht in den Sinn, wenn er an sein Freitags-Kränzchen denkt?

Oder, das wäre am schlimmsten gewesen, ist es sein Desinteresse an mir als Frau? Bin ich ihm zu alt? Zu reizlos?

Aber in der damaligen Zeit konnte man sich gerade in dieser Beziehung nicht aufdrängen.

Ich lud ihn öfter außer der mittwöchlichen Dämmerschoppen-Reihe zum Mittagessen ein, wenn ich mit einem Paket meiner Mutter einen Leckerbissen aus Schweden bekommen hatte. Aber außer einem Blumenstrauß bei seinem Eintritt erhielt ich nichts, keine Gegeneinladung.

So ging das mehrere Jahre.

Was stört dich an mir, daß du mich nicht willst? dachte ich ganz intensiv, wenn er mir beim Trüffelessen gegenübersaß. Aber er lehnte sich zurück und erfreute sich am Stuck unseres Eßzimmers.

Er tat, als ob er nichts von mir spürte.

Wenn er mich nicht als Frau beachtete, nicht als Köchin, dann sollte ihn wenigstens meine politische Zuverlässigkeit beeindrucken, überlegte ich. Ich erzählte ihm, wie sehr ich politisch enttäuscht sei: vom System und der Partei, von der Jugendorganisation, deren Mitglied meine Tochter war; daß ich deshalb täglich den schwedischen Rundfunk hörte, um besser informiert zu sein als über den einen Sender in Deutschland, dem ich nicht mehr traute.

Ich erzählte, daß ich, seitdem ich auch im Krieg wieder nach Schweden reisen durfte, Post unter Umgehung der Postkontrolle mitnehmen könnte.

Da, endlich, lud er mich ein.

Zu spät, denn ich konnte nur noch fünfmal teilnehmen.

Von der ersten Einladung zum Silvester-Freitag-Abend-Kränzchen 1941 bis zu seiner Verhaftung am 6. Februar 1942 verstrichen nur fünf Wochen.

Bis zu seinem Tod vier Jahre später hab ich ihn nicht mehr gesehen.

Wie alt Sie geworden sind, Sie eigens aus Amerika angereister Zeuge, Sie dritter Mann aus dem Dämmerschoppen.

Auch Sie sehen mich nicht an, wie die anderen Überlebenden. Aber ich habe Ihnen doch nichts getan, im Gegenteil: Ich habe Ihnen sogar uneigennützig geholfen bei der Beförderung Ihrer Post.

Dafür haben Sie mir auch uneigennützig zu meiner regelmäßigen Ausreiseerlaubnis nach Schweden verholfen. Ohne Sie hätte ich immer in diesem Kriegsdeutschland leben müssen, ohne die friedliche schwedische Oase zweimal im Jahr, und ohne mich hätten Sie nicht gewußt, wie es Ihrer Frau und Ihren Kindern in Deutschland geht, und diese hätten von Ihnen nichts gehört.

Das werden Sie hier vor Gericht gleich zugeben müssen. Ja. Obwohl schon früh in die USA ausgewandert und bald eingebürgert, berichten Sie, waren Sie nach Beginn des neuen Reichs mit Ihrer Frau und zwei Kindern nach Deutschland zurückgekehrt, während die älteste Tochter in Amerika blieb.

Nach Kriegsbeginn sehnten Sie sich zurück zu dieser Tochter und nach Amerika – aber Ihre Frau wollte mit den beiden kleinen Kindern lieber in Deutschland bleiben.

Wie die Post befördern in Kriegszeiten? haben Sie da zu Hause überlegt.

Ihre Frau kam auf die Idee, sagen Sie, mich zu bitten, weil ich als einzige aus Ihrem Bekanntenkreis unter Umständen auch im Krieg ins neutrale Ausland fahren dürfte, die Briefe in Schweden in den Briefkasten stecken und die Antworten über eine schwedische Adresse empfangen könnte.

Aber ich hatte keine Ausreiseerlaubnis.

Sie fragten darum, bezeugen Sie, aus eigenem Entschluß einen Offizier der militärischen Abwehr, mit dem Sie befreundet waren, wie man mir die Ausnahme-Ausreise ermöglichen könnte.

Er versprach, beschwören Sie, mich mit einem Kriminalrat der Geheimen Polizei zusammenzubringen, wenn er mich vertrauenswürdig finde.

Sie machten mich mit ihm bekannt.

Er fand mich vertrauenswürdig.

Dann begleiteten Sie und Ihr Sohn ihn und mich zur Dienststelle der Geheimen Polizei.

Sie und Ihr Sohn warteten draußen, während der Abwehroffizier mich in den Raum des Kriminalrates, des Leiters der Dienststelle, begleitete, aber allein herauskam.

Angeblich habe ich mit diesem Leiter allein verhandelt.

Das war sieben Monate nach Kriegsbeginn.

Als ich wieder zu Ihnen trat, erinnern Sie sich, hatte ich den Sichtvermerk in meinem Paß. Ich erhielt ihn anstandslos während des gesamten Krieges erteilt.

Wie hätte ich sonst Ihre Post befördern können?

Ich habe auch, sagen Sie, alle Ihre Post zuverlässig besorgt und Ihnen gesagt, daß ich die aus Deutschland gehende Post vorher einem Abwehroffizier in Berlin und die aus Schweden mitgebrachte Post einem entsprechenden in Frankfurt (Main) vorlege. Ich habe Ihnen die Namen dieser Offiziere nicht genannt. Weiter wissen Sie nichts, und das nehmen Sie jetzt auf Ihren Eid.

Nie, Herr Pfarrer, würden Sie einen Meineid schwören.

Löser.

Löser wird nichts sagen.

Er würde sich ja selbst belasten.

Ein ehemaliger Kriminalobersekretär bei der Geheimen Polizei schweigt.

Wo haben Sie ihn hergeholt, Herr Richter? Aus dem Zuchthaus? Jahre habe ich ihn nicht gesehen.

Wir durften uns nicht kennen, nicht erkennen nach dem Krieg.

Auch heute kenne ich ihn nicht, noch nie hab ich ihn gesehen, nie hab ich seine warmen blonden Haare gestreichelt, seine Schenkel auf meinen.

Wie ein Grab werde ich schweigen über uns.

Was war er?

Ein Gegner des Regimes schon vor dem Krieg?

Löser, der Geheime Polizist – ein Gegner?

So hat er es jedenfalls den Amerikanern gesagt? Sich selbst gestellt? Mit einem ausführlichen schriftlichen Bericht?

Klug:

Die einzige Rettung versprechende Methode; denn sein Name fand sich in den Personalakten der Geheimen Polizei.

Schließlich steht er auf Beförderungslisten, Gehaltsnachweisen, Quittungen.

Er konnte nicht leugnen.

Da hat er sicher ausgewählt, ich hätte es auch getan:

Die Guten ins Töpfchen, die Schlechten ins Kröpfchen, die Schlechten ins Kröpfchen des neuen Staates, die Guten ins Töpfchen der Vergessenheit.

Herr Richter, Sie müssen ihn loben:

Alles sachlich dargestellt, in allen Einzelheiten.

Er hätte bei der Aufklärung der brutalen Methoden der Geheimen Polizei geholfen? Ein Kronzeuge?

Aber mich hat er nicht genannt. Oder?

Es wäre niedrigster Verrat.

Es wäre nichts als üble Nachrede.

Er tut es nicht.

Er verrät mich nicht.

Er ist der einzige Mensch, dem ich mich ganz anvertraut habe. Immer hatte ich sonst Vorbehalte.

Meine Mutter war zu schön. Sie verwendete zuviel Interesse auf sich.

Mein Vater war zu gleichgültig, er traute mir nichts zu.

Mein Mann war zu einsam, zu furchtsam, er hatte zuviel mit der Angst vor den Menschen zu tun.

Ach, ich habe dir vertraut, weil du stark warst, du konntest mich halten, kanntest mein Böses. Wir kannten es beide. Wir brauchten uns nicht zu verstellen, wenn wir miteinander allein waren.

Da, er sagt es, gleichmütig:

Ich kenne sie.

Löser sagt, daß er mich kennt.

Er hat Buch über unsere Zusammenkünfte, auch über unsere Liebesminuten, Liebesstunden, es waren niemals Liebestage, geführt.

Er hat es zu Hause bewahrt, jahrelang, zu seiner Entlastung, sagt er, weil er wußte, daß man mich noch einmal überführen wird, muß, bei allem, was ich auf dem Gewissen habe.

Was er zur Aufklärung beitragen kann, will er beitragen.

Er holt das Notizbuch hervor.

Geltungssüchtig, ränkehaft, abenteuerlustig sei ich.

Eine überdurchschnittliche Intelligenz sei mir nicht abzusprechen. Aber ich sei kalt. So wie ich einen nach dem andern ans Messer geliefert hätte, nicht an sein Messer, er sei ja nur Befehlsempfänger gewesen – was habe er schon gegen meinen Vernichtungseifer tun können, als möglichst langsam seine Pflicht zu erfüllen –, hätte es ihm Grauen eingeflößt:

daß ich als zugezogene kleine Lehrersfrau – er sei ja auch nur ein kleiner Beamter gewesen – lauter anständige alteingesessene Familien zerstörte, die Männer hinter Gitter brachte oder unters Fallbeil mit meinen schmutzigen Denunziationen. Am liebsten hätte er die verschwinden lassen, aber bald hätte ich mich gar nicht mehr bei den unteren Rängen seiner Dienststelle aufgehalten, nur noch mit Berlin verkehrt.

Weil ich kein Honorar für meine Dienste forderte, mußte mir die Geheime Polizei das Geld für meine zusätzlichen Ausgaben regelrecht aufdrängen. Manchmal überbrachte er mir nur ein paar notwendige Devisen für Schweden.

Er habe es so verstanden, daß mir an Geld nichts, aber an der Ausreisemöglichkeit nach Schweden so viel gelegen hat, daß ich, nur um diese Möglichkeit nicht zu verscherzen, mich der Geheimen Polizei nützlich erweisen wollte, ohne Zwang Berichte über Berichte über Berichte schrieb, manchmal über Personen, die der Geheimen Polizei noch gar nicht aufgefallen waren.

Zum Beispiel hätte ich über eine Lehrerin, die schon jahrelang mit der Familie eines schwedischen Erzbischofs befreundet war und ein Buch von diesem aus dem Schwedischen übersetzt hatte, worum ich sie wohl sehr beneidete, so lange berichtet, vor allem über ihre verbotene Lektüre (die Bücher hätte ich ihr geborgt und ihm gesagt, wo er bei der Haussuchung nach ihnen greifen müßte) und ihr heimliches Nachrichtenhören, daß er nicht anders konnte, als diese Berichte weiterzuleiten, ausgerechnet an seinen Vorgesetzten, der wegen seiner Folterungen auch mir bekannt war und der natürlich sofort die Verhaftung dieser Lehrerin anordnete.

An dem Freitags-Kränzchen hätte diese Lehrerin aus Antipathie gegen den Gelehrten nie teilgenommen, sei auch auf meine ausdrückliche Einladung hin zu den letzten fünf Malen nie mitgekommen, wie zum Beispiel der Pfarrer aus unserem Dämmerschoppen, der sich später in der Haft erhängte.

Die Lehrerin mußte aus der ersten Haft der Geheimen Polizei entlassen werden, aus Mangel an Beweisen:

Sie hatte wohl Verdacht gegen mich geschöpft und leugnete, als sie merkte, daß ihr keine Beweise vorgelegt werden konnten und ihr nur Dinge vorgehalten wurden, die ich wußte. Sehr gefährliche Dinge: zum Beispiel, daß sie sich um eine versteckt lebende jüdische Familie kümmerte, was sie aber niemandem anvertraut hatte, wurden ihr nicht angelastet. Sie vermutete darum, daß sie Opfer einer einzelnen Denunziation war.

Nach ihrer Entlassung noch am gleichen Tag warnte sie alle meine Bekannten vor mir, aber das waren nicht mehr allzu viele. Als ich davon hörte, schrieb ich ihr einen Drohbrief, ich würde alles bei der Geheimen Polizei anzeigen, was ich von ihr wisse, wenn sie ihre Behauptung nicht zurücknehme. Sie beauftragte daraufhin einen Rechtsanwalt, meine Drohung als Erpressung zurückzuweisen und mich aufzufordern, eine Verleumdungsklage gegen sie anzustrengen. Ich tat das nicht, beschwerte mich statt dessen bei der Geheimen Polizei über sie und mußte mir dort eine Rüge gefallen lassen. Zusammen mit belastenden Aussagen von zwei Kolleginnen dieser Lehrerin reichten meine neuen Beschuldigungen aber zu einer zweiten Verhaftung, die sie ins Gefängnis brachten. Am Tag ihrer Entlassung sorgte ich dafür, daß sie sofort von der Geheimen Polizei in das

136

Konzentrationslager Ravensbrück eingewiesen wurde. Sie wird gegen mich aussagen, sagt Löser, denn sie hat überlebt.

Ein Kollege von ihm habe dieser Lehrerin schließlich gesagt, was natürlich verboten war, daß ich die Urheberin der Anzeigen sei.

Alle Berichte hätte er sich nach meinem vorherigen Anruf von mir zu Hause abgeholt, zuerst in zweifacher, dann in dreifacher maschinengeschriebener Ausfertigung, weil die oberste Behörde in Berlin auch einen Durchschlag wollte.

Und warum sollte er noch einmal alles abschreiben, wenn ich nur einen Durchschlag mehr einzuspannen brauchte, um dem Anliegen aus Berlin zu entsprechen?

Überhaupt hätte ich ja zunehmend meine Aufträge von dort bekommen, er habe dann nur Befehle an mich übermitteln müssen, als „Geheimsache" und als „Geheime Reichssache" waren meine Berichte und auch die Befehle an mich zu behandeln.

Wenn ich anfangs noch meine Unterschrift unter den Berichten vergaß, natürlich mit Decknamen, nicht mit meinem wirklichen Namen, mußte er sie mir noch einmal zurückgeben.

Die Berichte, sagt er, handelten von den Gesprächen in dem Freitags-Kränzchen, dem Diskussionszirkel des Gelehrten, so genau, daß er anfangs dachte, es werde eher ein Fall für die Sittenpolizei als für die Geheime Polizei.

Aber ich lieferte, sagt er, brauchbares staatsfeindliches Material: durch gezielte Fragen oder interessante Vorschläge, zum Beispiel, jeder solle die Briefe mit politischem Inhalt, die er erhalte oder schreibe, im Kreise vorlesen, um die andern zum Widerstand im Denken zu ermutigen, und jeder solle über Mißstände im Reich – in der Armee, im Arbeitsdienst, in der Versorgung, in der Informationspolitik – berichten. So habe sich der frühe Zugriff auf die Gruppe gelohnt.

Und immer hätte ich, wie es ein richtiger Lockspitzel tun muß, provoziert, sagt er, so daß die andern mich für eine erbitterte Gegnerin des Staates hielten und mir anvertrauten, daß auch sie zu Hause, wie ich es ihnen von mir erzählt hatte, heimlich ausländische Rundfunksendungen hörten und verbotene Bücher lasen.

Auch im Ausland, in hohen kirchlichen Kreisen, sei man nach meinen Besuchen der Auffassung gewesen, daß man es bei mir mit einer Gegnerin des Staates aus christlicher Überzeugung zu tun habe.

Darum konnte ich ja auch, sagt er, die wertvollen Kontakte zum schwedischen Erzbischof knüpfen, dem ich die Denkschrift des deutschen katholischen Paters, Bruder Paulus, über ein demokratisches Deutschland nach dem Zusammenbruch der Diktatur übermitteln sollte.

Ich habe dem Pater, sagt er, auf Anweisung der Geheimen Polizei dringend geraten, zur Niederschrift nicht seine eigene Schreibmaschine zu verwenden. Man könne ihn sonst überführen, wenn man die Denkschrift wider Erwarten bei mir oder vielleicht sogar schon bei ihm fände.

Und so konnte man ihn auch wirklich besser überführen, bezeugt Löser, weil ich die Denkschrift nicht dem schwedischen Erzbischof, dem richtigen Adressaten, sondern der Geheimen Polizei gegeben hätte. Mit sichtbaren Beweisen ist Bruder Paulus im fünften Kriegsjahr durch den Volksgerichtshof zum Tode verurteilt und auch bald hingerichtet worden.

Seine Verhaftung erfolgte übrigens in meiner Gegenwart.

Er hatte mir gerade, wie verabredet, das gefährliche Schriftstück in meinem Hotel in Berlin übergeben. Die hereinstürmende Geheime Polizei fand das Schriftstück in meiner Handtasche.

Sicher hat sich Bruder Paulus bis zu seiner Hinrichtung Vorwürfe gemacht, mich gefährdet und als freiwillige Kurierin dem Tode geweiht zu haben.

Er hat sofort, ganz ohne Folter, ein volles Geständnis abgelegt.

So ein Idealist,

so ein Träumer,

so ein Wahrheitsfanatiker war das.

Auch das Freitags-Kränzchen konnte, sagt Löser, auf Grund meiner detaillierten Berichte, Mann für Mann und Frau für Frau überführt werden.

Völlige Überraschung über die Verhaftung habe in diesem Kreis eine Rolle gespielt. Weil sie alle nicht an einen Verräter glauben konnten, sondern nur an ein Abhörgerät, hielten sie Leugnen für sinnlos.

Das wäre aber natürlich das einzig Sinnvolle gewesen.

Meine Berichte, sagt Löser, hätte der Staatsanwalt vor Gericht nicht verlesen können.

Denn, wie gesagt: Vertrauenspersonen der Geheimen Polizei werden meist geschützt.

Nur mit dem richtigen vollen Namen unterschriebene gegenseitige Belastungen und eigene Geständnisse kann ein Richter verwerten. Die mußte die Geheime Polizei also dem Gericht liefern.

Weil ich so ein geschickter Lockvogel war, sagt er,

wollte mich die Geheime Polizei nicht verlieren. Darum mußte ich mich auf die Anweisung der Geheimen Polizei zum Schein für kurze Zeit auch inhaftieren lassen, bis ich aus dem Gesichtskreis meiner Opfer verschwunden war.

Zur Tarnung meiner Mitarbeit und meiner Bevorzugung wurde dann eine Stunde vor mir offiziell die Frau eines Professors mit zwei Kindern von siebzehn und achtzehn aus der Haft entlassen, damit sie die betreuen konnte. Auch ich konnte nun zur Kinderbetreuung entlassen werden – meine Tochter war damals achtzehn Jahre alt.

Die anderen schöpften erst Verdacht, als sie schon in der Falle saßen.

Mein Deckname bei der Geheimen Polizei, und so hätte zu meiner Sicherheit auch nur von mir gesprochen werden dürfen, war mein Kosename als Kind, als kleines Mädchen in Schweden. Er gibt diesen Kosenamen, unser Geheimnis, zu Protokoll:

Babsy.

Meine Akte wurde, wie für alle Vertrauenspersonen der Geheimen Polizei, mit einer Nummer geführt.

Er sagt die Nummer.

Er sieht in sein Notizbuch, am Soundsovielten um soundsoviel Uhr mußte mir ein Kollege, der das nachher noch bezeugen wird, im Auftrag höherer Stellen aus Berlin in einem Café der Innenstadt einen Blumenstrauß mit einem Dankschreiben für meine wertvollen Dienste überreichen.

Er selber habe mich zum ersten Mal am soundsovielten Oktober des dritten Kriegsjahres gesehen. Sein Vorgesetzter, der inzwischen hingerichtete Soundso, hätte uns bekannt gemacht und ihm mitgeteilt, ich hätte auf seine vom Reichssicherheitshauptamt empfohlene Nachfrage, ob ich wegen meiner außergewöhnlich guten Kontakte zur evangelischen und katholischen Kirche sowie meiner häufigen Reisen nach Schweden zu einer Zusammenarbeit mit der Geheimen Polizei bereit sei, ohne weiteres zugestimmt.

Er, Löser, sei von seinem Vorgesetzten als Verbindungsmann eingesetzt worden, darum habe er auch den jahrelangen Kontakt zu mir gehalten. Ich sei immer freundlich zu ihm gewesen und habe ihm sogar einmal aus Schweden für seine kranke Frau Kaffee mitgebracht.

Auffällig war ihm, sagt er, daß ich immer auf Verhaftungen und Verhöre beim Freitag-Abend-Kränzchen um den Gelehrten drängte, statt lieber weiter ausführliche Berichte zu liefern, die noch einen größeren Kreis von staatsfeindlich eingestellten Personen dingfest gemacht hätten.

Die Geheime Polizei – er sei dabeigewesen – hätte am 6. Februar 1942 das Freitag-Abend-Kränzchen ausgehoben, nicht ohne mich dafür verantwortlich gemacht zu machen, daß an diesem Tag auch alle Teilnehmer vollzählig da sind.

Der Gelehrte und der Kunstmaler haben sich nach der Verhaftung in den Verhören gegenseitig belastet, und zwar so, daß es für beide zum Todesurteil vor dem Volksgerichtshof gereicht hat.

Der Kunstmaler wurde nicht wie der Gelehrte begnadigt, obwohl sich auch für ihn viele einsetzten. Er war mit einer Jüdin verheiratet, die nur so lange geschützt war, wie er lebte.

Nach seiner Hinrichtung kam sie aus dem Zuchthaus in das Konzentrationslager Auschwitz, aus dem sie nicht zurückkehrte, erst vergast und dann verbrannt.

Woher sollte ich wissen, daß man dort so etwas machte?

Der Pfarrer aus der Mittwochsrunde, dem Dämmerschoppen in unserem Archivhaus, der sich nach einem Verhör in der Haft der Geheimen Polizei erhängte, hat es wirklich selbst getan, versichert Löser glaubhaft.

Wie er alles glaubhaft versichert.

Denn Sie, Herr Richter, können ihm nur glauben, vereidigen können Sie ihn nicht. Zu sehr könnte er sich selbst belasten.

Wem dient er?

Immer denen, die richten dürfen?

Herr Richter, Sie wollen ein Geständnis. Ich will sprechen.

Ich könnte Ihre Mutter sein, Sie können mir also glauben:

Ich kenne ihn nicht. Diesen Mann habe ich noch nie gesehen. Diese Frau, die mich im Freitag-Abend-Kränzchen des von mir sehr verehrten Gelehrten getroffen haben will, habe ich noch nie gesehen.

Der Mann, den ich nicht kenne und nach dem Sie mich, Herr Richter, fragen, sagt so abscheuliche Dinge über mich, daß ich nur annehmen kann, er will sich als ehemaliger verantwortlicher Mitarbeiter der Geheimen Polizei reinwaschen und von seinen Untaten ablenken.

Er ähnelt einem Mann, der für die Abwehr der deutschen Wehrmacht arbeitete, mich zu Hause besuchte und mich zu meinen Eindrücken im Freitag-Abend-Kränzchen des Gelehrten befragte.

Er wollte auch die andern Teilnehmer befragen.

Nein, ich habe mich nicht bei ihnen erkundigt, ob er auch bei ihnen war.

Mein Mann hatte in dieser Zeit die Postkontrolle im Konzentrationslager Bergen-Belsen inne. Er hätte also gar keine Zeit gehabt, meine Berichte in ein gutes Deutsch zu bringen.

Mein Mann wollte allerdings, das muß ich zugeben, daß ich an dem Freitag-Abend-Kränzchen des Gelehrten teilnehme, weil es dort so unanständig zuging und er Material gegen ihn sammeln wollte, um ihn wegen moralischer Verfehlungen endlich aus der christlichen Studentenorganisation ausschließen zu können.

Ich sträubte mich. Aber er zwang mich, hinzugehen und ihm zu berichten.

Ich schrieb auch Tagebuch und unterschrieb jedes Blatt mit dem von meinem Vater und meiner Mutter in meiner Kindheit für mich verwendeten Kosenamen, der mit dem von diesem Herrn Löser genannten übereinstimmt.

Ich gab diese Tagebuchaufzeichnungen meinem Mann, der sie an einen Freund auslieh.

In einem Punkt hat Herr Löser, Ihr Kronzeuge, recht: denn damals ging das Gerücht, daß ich zu diesem Freund meines Mannes, einem Professor, in intimen Beziehungen stünde.

Sie werden verstehen, Herr Richter, daß ich über solche Beziehungen aus Schamgefühl und Diskretion nie etwas öffentlich verlautbaren lassen würde. Vielleicht ist bei diesem Freund meines Mannes einmal eine Haussuchung durchgeführt worden, und die Aufzeichnungen kamen so in die Hände der Geheimen Polizei.

Warum die andern eine Todesstrafe bekamen und ich für das gleiche Delikt nicht verurteilt wurde, kann ich mir nicht erklären.

Warum ich als Mitwisserin des katholischen Paters

und als freiwillige Kurierin seiner Denkschrift – immerhin wurde ich im Urteil namentlich erwähnt – nicht auch verurteilt wurde, war mir ein Rätsel.

Ja, ich bin im Urteil als von ihm ausersehene Überbringerin genannt:

Mein deutscher Familienname ist gleichzeitig auch ein deutscher weiblicher Vorname.

Auf den vermeintlichen Vornamen folgt das Wort „von" und dann die Stadt, von der ich die Denkschrift nach Schweden bringen sollte. In dieser Zusammenstellung klingt mein Name wie der einer Adligen. Es ist Zufall und keine Tarnung. Warum hätte mich das Gericht schützen wollen?

Wenn Ihr Familienname zum Beispiel Heinrich lautet und Sie einen Brief von Eberswalde nach Frankreich bringen sollten, hätte im Urteil gestanden:

Den Brief sollte der ehemalige deutsche Staatsbürger Heinrich von Eberswalde nach Frankreich bringen. – Ich verstehe nun, warum mich keiner in Deutschland erkannte, so lange, bis die Überlebenden aus dem Zuchthaus oder dem Konzentrationslager entlassen wurden.

Nein, ich mußte in dem damaligen Reich vor Gericht nicht erscheinen, weder als Angeklagte noch als Zeugin, nicht wegen des Freitag-Abend-Kränzchens, nicht wegen der Lehrerin mit den Kontakten zu Schweden und nicht wegen des katholischen Paters.

Nein: Ich habe selbstverständlich diese Frau, die Lehrerin meiner Tochter, diesen Mann, den Schuhmacher, und diesen Mann, den ehemaligen Verlobten meiner Tochter und ehemaligen Schutz-Staffel-Angehörigen, nicht angezeigt, als sie mir im Vertrauen

144

sagten, daß sie den englischen Rundfunk hören und daß sie glauben, der Krieg könne nicht mehr gewonnen werden.

Sie hatten mir doch nichts getan.

Ich habe niemanden angezeigt, ich sagte es schon. Ich habe nur Zeugenaussagen gemacht wie die andern.

Warum mich Schweden auswies und nicht wieder einreisen läßt, kann ich mir nur durch ein Mißverständnis erklären. Es beruht darauf, daß mich nach dem Krieg in Schweden ein Reporter interviewte und unter dem Titel „Ich war Hitlers Wirtin" eine Begebenheit aufbauschte, die ich ihm erzählt hatte:

Hitler machte in unserem Archivhaus einmal mit seinem Stab Station. Ich soll dem Reporter angeblich erzählt haben, daß ich mir in Gegenwart des Führers meine Bouillon heruntergewürgt, der Offiziersbursche sich in Sekt die Hände gewaschen und Hitler mir zum Dank mehrere Kisten Seife und Sekt geschickt hätte.

Nun, ich hab es nicht erzählt, sondern der Reporter hat meine Worte falsch wiedergegeben.

Er hat auch fälschlich verstanden, daß mein Mann Lagerkommandant von Bergen-Belsen war. Das war nur ein Gerücht in unserer Stadt. Mir liegt Angeberei und Geltungssucht fern wie sonst nichts.

Nein, dieser Artikel wurde mir nicht vorgehalten, als ich 1946 ausgewiesen wurde. Aber einen andern Grund für die Ausweisung kann ich nicht finden.

Abgesehen davon, daß ich unschuldig bin, verstehe ich die Anklage nicht.

Es steht doch fest, und wenn Sie Herrn Löser so glauben, könnten Sie ihm ja auch glauben, daß die Teilnehmer des Freitag-Abend-Kränzchens bei dem Gelehrten sich gegenseitig belasteten.

Selbst wenn ich einen Bericht geschrieben hätte, wäre ihnen nichts passiert, wenn sie alles geleugnet hätten. Und ich hätte, wenn der Sichtvermerk in meinem Reisepaß nach Schweden wirklich eine Belohnung für entsprechende Spitzeldienste gewesen sein sollte, diesen Sichtvermerk weiter bekommen, weil die Geheime Polizei immer hätte hoffen müssen, doch noch einen Leugnenden überführen zu können.

Das beste Beispiel ist der Pfarrer aus unserem Dämmerschoppen, der nach einem Verhör und einer Haussuchung wieder entlassen werden mußte.

Er hatte an einem Mittwoch beim Tee geäußert, bei ihm werde die Geheime Polizei nichts finden. Nein, er nahm an dem Diskussionszirkel bei dem Gelehrten nicht teil.

Ich weiß nicht, warum bei ihm überhaupt eine Haussuchung stattfand. Vermutlich hat ihn jemand wegen der Äußerung denunziert.

Ich weiß nicht, wie diese beiden Zeuginnen, die ich auch noch nie gesehen habe, daraufkommen, zu sagen, ich hätte sie ausdrücklich aufgefordert, am 6. Februar 1942 nicht ins Kino, wie sie es vorhatten, zu gehen, sondern lieber mit mir in das Freitag-Abend-Kränzchen.

Ja, damals hatte ich auf Einladung des Gelehrten schon viermal teilgenommen, und ich wußte, daß nur er Einladungen aussprach, niemals einer seiner Gäste. Warum hätte ich jemand einladen sollen? Also werde ich es auch nicht getan haben.

Und es stimmt auch nicht, daß ich diese Frau, die wie ich aus Schweden stammt, gewarnt habe, am nächsten Tag unter keinen Umständen in die Stadt zu fahren, weil etwas Furchtbares passieren wird. Ich entsinne mich nicht, sie gefragt zu haben, ob sie von den dunklen Mächten wisse und von dem Gefühl, verhaftet und in einem Wagen fortgefahren zu werden.

Sie ist, da kann sie sich doch freuen, genau wie ich, nicht verurteilt, nicht einmal verhaftet worden.

Ich habe nichts gestanden bei der Geheimen Polizei.

Darum konnte man mir nichts anhaben.

Daß ihr Mann, der Professor, meine merkwürdige Warnung schon einen Tag vor dem 6. Februar, also am 5. Februar 1942, in sein Tagebuch schrieb und nun hier vorweist, kann ich mir nur so erklären, daß man alles fälschen kann: auch Tagebücher.

Warum ich bei meinen Besuchen in Schweden während des zweiten Weltkrieges auf die Zustände in Deutschland geschimpft, über Folterungen der Geheimen Polizei gesprochen habe, aber nicht über die Hinrichtung des katholischen Paters, dessen engste Vertraute ich war, und nicht über seinen abgefangenen Brief mit der Denkschrift, deren Inhalt ich genau kannte und zu deren Niederschrift ich ihn angeregt hatte (und ich war dabei die einzige Augenzeugin), kann ich Ihnen, Herr Richter, allerdings sofort erklären:

War die Geheime Polizei nicht allgegenwärtig?

Auch im neutralen Ausland?

Gibt es nicht überall Verräter?

Daß ich meine Haut rette:

Herr Richter, ich will gestehen.

Ich bin unschuldig, denn:

Ich war nur ein Stein. Nur der erste Stein einer Steinlawine. Ich bin eine Gedankentäterin. Nur mit Buchstaben, geschriebenen Worten, soll ich andern geschadet haben? Warum müssen sie immer alle so spotten, warum dünken sie sich besser, klüger, edler?

Sie hätten ja nicht heimlich sprechen müssen. Erst im verborgenen verbotene Dinge tun und dann nicht dazu stehen. Sollte ich deshalb vielleicht nicht in mein Heimatland fahren können, wenn ich doch die Möglichkeit dazu hatte? Vielleicht litten die andern nicht unter dieser peinigenden Sehnsucht, sich in einem Seidenkleid in das gepolsterte Erste-Klasse-Abteil eines D-Zugs zu setzen, verabschiedet von einem Offizier am Bahnsteig, die verstohlenen Blicke des seriösen Gegenüber, durch die immer flacher werdende norddeutsche Landschaft zu fahren, von der Fähre die Ostsee zu sehen, das kriegerische Deutschland hinter sich zu lassen und dann in Stockholm anzukommen, empfangen von einem sanften klugen Mann der Kirche oder einem Freund aus der Kindheit, bei den friedlichen Menschen auf der Straße zu sein, ohne Angst vor Bomben oder Hunger oder dem Tod. Darauf sollte ich verzichten, nur weil ich mich vielleicht weigerte, auf höfliche Anfragen meines Gastlandes über ein paar arrogante Querulanten nicht einige harmlose wahrheitsgemäße Auskünfte zu erteilen?

Dieser Aufwand, diese vielen Zeugen:

Wegen Beihilfe zum Mord wollen Sie mich belangen.

Niemals werden Sie mich deshalb verurteilen können. Denn ich habe nicht beim Morden geholfen.

Es sind nicht einmal alle tot, die ich tot haben wollte. Auch du lebst, immer noch, mein Brüderchen, mein geköpftes. Auf mein Geständnis wartest du umsonst.

Gesucht: Goerdeler

Wäre das Attentat auf Hitler am 20. Juli 1944 gelungen, wäre Dr. Karl Goerdeler Reichskanzler geworden.

Aber das Attentat mißlang.

Oberst Claus Graf von Stauffenberg, Chef des Generalstabes beim Befehlshaber des Ersatzheeres, und seine Mitverschworenen wurden entweder sofort erschossen, zum Selbstmord gedrängt oder verhaftet und aus der Wehrmacht ausgestoßen, um sie wie die Angehörigen ziviler Widerstandskreise vor den Volksgerichtshof stellen und zum Tode verurteilen zu können.

Nach Dr. Goerdeler wurde noch gefahndet.

In ihm hatte die Geheime Staatspolizei den wichtigsten Mann des zivilen Sektors für die Umsturzpläne erkannt.

Am 1. August 1944, also zwölf Tage nach dem Attentatsversuch, erschien in allen deutschen Zeitungen ein Steckbrief von Goerdeler, und acht Tage später, am 9. August, als er immer noch nicht gefunden war, wiederholte man den Steckbrief.

Eine Million Reichsmark und ein Händedruck Adolf Hitlers sollten die Belohnung für die Ergreifung sein.

So wurde Helene mit vierundvierzig Jahren Millionärin.

Und zwei Jahre später, mit sechsundvierzig Jahren, erhielt sie aus demselben Grund wegen Verbrechens gegen die Menschlichkeit eine Zuchthausstrafe von fünfzehn Jahren, die nach ihrer Berufung auf sechs Jahre herabgesetzt wurde.

Dr. Goerdeler wurde am 2. Februar 1945 im Alter von sechzig Jahren hingerichtet, drei Monate vor dem Ende der Hitlerzeit.

Sein Vater war Regierungsrat, Landschaftssyndikus und Mitglied des preußischen Abgeordnetenhauses. – Helenes Vater Rangiermeister.

Dr. Goerdeler war nach dem Jurastudium zehn Jahre, von 1920 bis 1930, zweiter Bürgermeister von Königsberg, Helenes Geburtsstadt.

Helene besuchte erst in Königsberg und dann, nach dem Umzug der Eltern, bis 1918, ihrem 16. Lebensjahr, in Rauschen bei Königsberg die Volksschule. Danach arbeitete sie als Fahrkartenverkäuferin, Schneiderin und Hausangestellte. Sie wohnte weiter bei ihren Eltern in Rauschen.

Als Dr. Goerdeler 1920, zwei Jahre nach dem Ende des ersten Weltkriegs, in Königsberg das Amt übernahm und mit seiner Familie nach Rauschen in Helenes Nähe zog, war er sechsunddreißig und sie achtzehn Jahre alt.

Helene begegnete ihnen manchmal auf der Straße: Dr. Goerdeler, seiner Frau und seinen Kindern. So kannte sie den Herrn Bürgermeister vom Sehen.

Und weil er immer freundlich zurückgrüßte, behielt Helene ihn in guter Erinnerung, auch nachdem sie 1921, mit neunzehn Jahren, von zu Hause fortzog und nur noch den Urlaub bei den Eltern verlebte.

Als am 1. und am 9. August 1944 die Steckbriefe mit seinem Foto erschienen, war Helene zweiundvierzig und Dr. Goerdeler sechzig Jahre alt.

Einundzwanzig Jahre waren seit ihrer letzten zufälligen Begegnung auf der Straße in Rauschen vergangen.

Würde sie ihn wiedererkennen?

Helene, kinderlos und unverheiratet, arbeitete zu der Zeit als Schreibkraft einer Lohnstelle der Luftwaffe in einem Fliegerhorst. Diese Lohnstelle war in einer Gastwirtschaft in der Nähe von Rauschen untergebracht.

Beim Frühstück, das sie am 12. August, wie immer, im öffentlich zugänglichen Gastzimmer einnahmen, lasen alle die Zeitung und sprachen unter anderem über den steckbrieflich gesuchten Goerdeler.

Helene, politisch nicht interessiert, auch nicht Mitglied der Partei, wußte, daß er mit dem Attentat auf Hitler – zwei Wochen zuvor – etwas zu tun hatte.

Schon bei der ersten Veröffentlichung, am 1. August, hatte sie sein Foto auf dem Steckbrief sehr genau angesehen.

An den nächsten Tagen sammelte sie Zeitungsausschnitte und vertrat in der Frühstückspause ihren Kollegen gegenüber sehr entschieden die Überzeugung, daß sie Goerdeler nach diesem Foto in der Zeitung ohne weiteres wiedererkennen könnte, auch wenn sie ihn seit einundzwanzig Jahren nicht mehr gesehen hatte.

Alle bezweifelten es. Ihr Vorgesetzter sagte, daß er es für unmöglich halte. Er, der als Oberzahlmeister die Lohnstelle leitete, kannte nämlich Dr. Goerdeler auch vom Sehen, weil er früher in Königsberg gearbeitet hatte, war ihm aber seit zweiundzwanzig Jahren nicht mehr begegnet.

Dr. Goerdeler war inzwischen sieben Jahre, von

1930 bis 1937, Oberbürgermeister von Leipzig gewesen und gleichzeitig von 1931 bis 1932 Reichskommissar für Preisüberwachung, danach Wirtschaftsberater der Reichsregierung und dann ab 1934 wieder Reichskommissar für Preisüberwachung.

1935 trat er wegen Hitlers Aufrüstungsprogramm von diesem Posten zurück.

1937 stellte er auch sein Amt als Oberbürgermeister zur Verfügung. Er protestierte auf diese Weise dagegen, daß vor dem Leipziger Rathaus die Büste des jüdischen Komponisten Felix Mendelssohn Bartholdy entfernt wurde.

Krupp hatte ihm damals angeboten, in den Vorstand seines Unternehmens einzutreten. Das verhinderte aber die NSDAP. Daraufhin finanzierte Krupp eine Weltreise für Dr. Goerdeler, um sich durch ihn über die politische und wirtschaftliche Weltlage informieren zu lassen. Dr. Goerdeler besuchte Frankreich, England, Amerika und den Vorderen Orient, diskutierte mit Persönlichkeiten der Wirtschaft, der Politik und des Militärs und verfaßte nach seiner Rückkehr 1938 eine Denkschrift, die nicht nur seinem Auftraggeber, sondern auch Himmler, Göring und Hitler vorgelegt wurde.

Angeblich soll Hitler über Goerdelers Schlußfolgerung gelacht haben, daß die Fortsetzung der bisherigen Politik des Bluffens und der Herbeiführung vollendeter Tatsachen unweigerlich zum Kriege führen werde. Hitler meinte, daß die westlichen Demokratien weder willens noch in der Lage seien, gegen Deutschland in den Krieg zu ziehen, er sie also ruhig vor vollendete Tatsachen stellen könnte.

Schon ein Jahr später war Krieg.

1944 war Deutschlands Lage so aussichtslos, daß sich einflußreiche Leute in Wirtschaft und Armee trotz unterschiedlichster Überzeugungen in einem Punkt einig waren:

Hitler muß sterben.

Dr. Goerdeler erschien ihnen als der geeignete Mann, nach Hitlers Tod eine Regierung zu führen, die die vielen voneinander abweichenden Vorstellungen miteinander vereinbaren könnte.

Goerdeler führte geheime Gespräche, bildete ein Schattenkabinett und formulierte Verfassungspläne. Nach gelungenem Militärputsch sollte er vom obersten Militärbefehlshaber zum Regierungschef und Staatsoberhaupt in einer Person ernannt werden.

Als Helene am 12. August 1944 in den Gastraum kam, um zu frühstücken, waren seit dem 20. Juli dreiundzwanzig Tage vergangen.

Dreiundzwanzig Tage Illegalität für Dr. Goerdeler, dreiundzwanzig Tage Nichterkanntwerden oder dreiundzwanzig Tage Nichtverratenwerden lagen hinter ihm.

Er saß in der Ecke des Gastraums auf einem Sofa und las Zeitung, als Helene mit ihren Kollegen eintrat, um – wie immer – zu frühstücken.

Helene glaubte ihn zu erkennen, verwarf diesen Gedanken aber, weil sie ihn in Leipzig vermutete. Sie hielt es für unwahrscheinlich, daß Goerdeler sich ausgerechnet in Ostpreußen versteckt halten könnte.

Der Fremde auf dem Sofa schien übermüdet und hielt die Hand vor die Augen. Als sein Blick durch die gespreizten Finger auf Helene fiel, war ihr klar: Das ist er.

Sie stand auf, ging in das neben dem Gastraum gelegene Büro, ließ sich Papier und Bleistift geben und weihte die Büroangestellte ein.

Auf den Zettel schrieb sie:

„Auf dem Sofa sitzt Dr. Goerdeler."

Die beiden Frauen gingen zusammen in den Gastraum.

Helene setzte sich wieder auf ihren Platz, und die
Büroangestellte überreichte dem Vorgesetzten am
Nachbartisch, der Dr. Goerdeler ebenfalls von früher
kannte, den Zettel.

Der Oberzahlmeister las ihn, drehte sich erst zu
dem Fremden um, dann zu Helene, deren Schrift er
erkannt hatte, und schüttelte den Kopf.

Nun trat Helene zu ihm und flüsterte: Ich glaube
bestimmt, er ist es.

Der Oberzahlmeister flüsterte zurück: Nur eine
Ähnlichkeit.

Er unternahm nichts, und Helene setzte sich an ihren Platz zurück.

Als der Kollege neben dem Vorgesetzten, der von
dem Gespräch an seinem Tisch nichts mitbekommen
hatte, einer Angestellten die Anweisung gab, wegen
einer ausgebliebenen Lieferung anzurufen, erhob
sich Dr. Goerdeler, nahm Hut und Mantel und verließ
den Gastraum.

Vielleicht spürte er eine Gefahr?

Nachdem Goerdeler gegangen war, begann unter
den Zurückgebliebenen – es waren immerhin fünfzehn Angestellte der Zahlstelle bei diesem Frühstück im Gastraum anwesend – eine erregte De-
batte.

Helene beharrte darauf, daß das Dr. Goerdeler gewesen sei.

Alle anderen erklärten, die Gesichtszüge stimmten
mit dem in den Zeitungen veröffentlichten Bild nicht
überein.

Der Vorgesetzte sagte, wenn Helene sich so sicher
sei, möge sie den Landjäger rufen.

Das lehnte sie ab.

Die Kollegen holten Zeitungen herbei und betrachteten das Fahndungsfoto.

Helene bedrängte ihren Vorgesetzten: „Lassen Sie doch den Mann nicht laufen!"

Seitdem Dr. Goerdeler den Raum verlassen hatte, waren fünf Minuten vergangen.

Der Kollege neben dem Vorgesetzten entschloß sich, hinauszugehen und nach dem Fremden zu sehen. Auf der Straße entdeckte er aber niemanden und kehrte zurück.

Nun holte er Mütze, Koppel und Fahrrad und fuhr gemeinsam mit Helenes Vorgesetztem etwa 600 Meter.

Da hatten sie ihn eingeholt.

Sie baten um seine Papiere.

Er war der Gesuchte.

Sie brachten ihn zum Bürgermeister.

Von dort holte ihn die Polizei ab.

Helene sah, wie er in das Polizeiauto einsteigen mußte. Da weinte sie bitterlich, wie sie später vor Gericht aussagte.

Sah er sie auch? Bemerkte er ihre Tränen? Hatte er sie überhaupt erkannt, als sie in den Gastraum trat? Sie war doch für ihn nur eine Straßenpassantin vor einem Fünfteljahrhundert gewesen.

Helenes Vorgesetzter und sein Kollege, die beiden Oberzahlmeister, erstatteten noch am gleichen Tag einen schriftlichen Bericht an den Fliegerhorst-Kommandanten und ließen Helene unterschreiben.

Ein paar Stunden später, immer noch am 12. August 1944, wurden die drei zu einer Vernehmung gebeten, bei der Helene eine Korrektur des schriftlichen Berichts erwirkte: die beiden Männer hatten sich selbst das Hauptverdienst bei der Ergreifung Goerdelers zugesprochen.

Auf Grund ihres Einspruchs erhielt Helene die volle Belohnung.

Ende August 1944 wurde sie im Führerhauptquartier Adolf Hitler vorgestellt. Er gab ihr den Scheck über eine Million.

Sie präsentierte den Scheck bei der Dresdner Bank in Elbing, legte 800 000 Mark in Wertpapieren an, zahlte 50 000 Mark auf ein Sparkonto ein. Der Stadt Königsberg und dem Roten Kreuz spendete sie je 50 000 Mark. Ihrem Schwager, einem Schlossermeister, stellte sie 50 000 Mark zur Verfügung. Für sich selbst hob sie 4 000 Mark ab und kaufte davon größtenteils Geschenke. Nur 2 000 Mark zahlte sie auf ihr Postsparbuch ein, hob aber nichts davon ab.

Als die Rote Armee in Elbing, wo Helene zuletzt lebte, einmarschierte, floh sie nach Berlin.

Dort lebte sie zurückgezogen, ernährte sich von Näharbeiten und als Reinemachefrau und befürchtete ihre Verhaftung.

In den Monaten bis zu ihrer Festnahme beschwichtigte sie sich fortwährend (das sagte sie später vor dem Gericht):

Es wird schon gut gehen! Ich arbeite fleißig! Ich wohne bei einem Schornsteinfeger, das bringt Glück! Es wird schon gut gehen!

Man verhaftete sie am 16. Januar 1946. An diesem Tag wurde sie vierundvierzig Jahre alt.

Helene hatte Tagebuch geführt und es in das Futter der Handtasche eingenäht. Man fand es, aber die Seiten über den Besuch bei Hitler hatte sie herausgerissen und vernichtet.

Sie legte ein volles Geständnis ab.

Sie nahm sich keinen Verteidiger.

Kein Urteil, sagte sie, könne ihr die innere Verantwortung, die sie fühle, abnehmen.

Ihre Schwester bat den Rechtsanwalt Dr. Ronge um seinen Beistand. Aber Helene erteilte ihm keine Vollmacht.

Ohne davon zu wissen, bestellte das Gericht ihn als Pflichtverteidiger. Es konnte nicht wissen, daß Dr. Ronge ein enger Freund Karl Goerdelers gewesen war.

Bevor der Rechtsanwalt die Verteidigung der Frau übernahm, die seinen Freund verraten hatte, fragte er sich (wie er in seinem Artikel „Warum ich Helene S. verteidigte" schilderte), was Goerdeler, dieser Gerechtigkeitsfanatiker, selbst dazu gesagt hätte: „Das Gegenteil von Tyrannei ist und bleibt nicht nur Freiheit, sondern vor allem die absolute Durchsetzung des Rechts?"

Ja, vielleicht hätte Goerdeler das gesagt.

Sein Plädoyer schloß Dr. Ronge mit Fragen: „Ist es wirklich so unbefriedigend, wenn man feststellen muß, daß wenigstens die Frau, die den ersten Anstoß zu dem Unglück gab, das Dr. Goerdeler betroffen hat, auch nur ein winziges Rädchen in dem Riesenwerk Hitlerschen Terrors gewesen ist, daß wenigstens sie persönlich von menschlichen Zügen nicht frei ist?

Und zum anderen:

Entgiften wir die Atmosphäre, die all diese Dinge möglich machte, dadurch, daß wir hier eingreifen, solange wir nicht diejenigen auch geistig überwinden, die diese Atmosphäre erst schufen?"

Ein winziges Rädchen.

Im Zusammenhang mit dem Attentat am 20. Juli wurden 7 000 Personen verhaftet und 700 beteiligte Offiziere zum Tode verurteilt und hingerichtet. Die Zahl der Erschießungen von politischen Gefangenen unmittelbar vor der Einnahme Berlins durch die Rote

Armee ist darin nicht einbegriffen (steht in einem 1947 abgedruckten Bericht über die Opfer).

Die beiden medizinischen Sachverständigen, eine Frau Professor und ein Herr Professor, bezeichneten Helene vor Gericht übereinstimmend als eine wenig ausgereifte, hysterische, gefühlsmäßig unausgeglichene, gering begabte, wenig zielstrebige, starrsinnige Persönlichkeit von kleinem geistigen Format. Ihre Tat habe sie nicht aus Bosheit, Rachsucht oder Geldgier, sondern aus Geltungsbedürfnis und Rechthaberei verübt.

Aber auch derjenige, sagte das Gericht in seiner Urteilsbegründung, ist „wegen unmenschlicher Verfolgung aus politischen Gründen zu bestrafen, welcher, ohne daß er ideologisch einem politischen System nahezustehen braucht, in einer Zeit politischer Hochspannung aus scheinbar unpolitischen Beweggründen eine Handlung vornimmt, die ausschließlich politischen Zwecken dient".

Beim ersten Verfahren im November 1946, sie hatte bis dahin schon zehn Monate in Untersuchungshaft gesessen, erhielt Helene als Strafe für ihr Verbrechen gegen die Menschlichkeit fünfzehn Jahre Zuchthaus und zehn Jahre Ehrverlust. Ihr Vermögen wurde zugunsten des Alliierten Kontrollrates eingezogen.

Sie blieb aber weiter in Untersuchungshaft, weil sie im Mai 1947 zu einer neuen Verhandlung erscheinen mußte und im November 1947 wiederum und im Juni 1948 abermals.

Denn ihr Verteidiger hatte immer wieder eine Aufnahme des Verfahrens erwirkt.

Er schöpfte alle Rechtsmittel zu ihren Gunsten aus.

Zum Schluß, am 1. November 1947, erhielt sie vom Schwurgericht bei dem Landgericht Berlin sechs

Jahre Zuchthaus und sechs Jahre Ehrverlust, die Untersuchungshaft wurde angerechnet, das Kopfgeld mußte sie zurückgeben und die Kosten des Verfahrens tragen.

Ihr Vorgesetzter und sein Kollege, die beiden Oberzahlmeister, nach dem Krieg Büfettier und Arbeiter, standen im März 1948 vor der 1. Strafkammer des Landgerichts Lübeck. Sie waren ebenfalls des Verbrechens gegen die Menschlichkeit angeklagt und wurden freigesprochen.

Die Staatsanwaltschaft protestierte dagegen.

Im Dezember 1949 verfügte der Strafsenat des Obersten Gerichtshofes für die Britische Zone eine neue Verhandlung.

Aber inzwischen war die Bundesrepublik Deutschland gegründet, und es wurde nach neuem Recht verhandelt. Das Verfahren gegen die beiden Männer wurde eingestellt, weil, wie das Landgericht Lübeck im August 1950 feststellte, „mit Rücksicht auf die Konfliktlage der Angeklagten, aus der heraus sie die angeklagte Tat begangen haben, ihre Schuld gering erscheint und daher keine höhere Strafe als 6 Monate Gefängnis und 5 000 DM Geldstrafe oder eine der Strafen zu erwarten ist".

Die beiden Männer beantragten aber trotzdem im nächsten Monat ein Verfahren gegen sich.

Als dann schließlich nach einigen Monaten ihr Verteidiger bestätigte, daß sie wirklich ein Verfahren wollten, gab es ihr Delikt nicht mehr:

„Die deutsche Gerichtsbarkeit zur Aburteilung von Verbrechen gegen die Menschlichkeit", schrieb das Landgericht Lübeck am 24. Dezember 1951, am Heiligen Abend, als Begründung für die Einstellung des Verfahrens gegen die beiden Männer, „ergab sich bisher aus KRG Nr. 10 Art. III Ziff. 1 c, Ziff. 2 c in Verbindung mit der Verordnung Nr. 47 der britischen Militärregierung. Durch die Verordnung Nr. 234 des Britischen Hohen Kommissars vom 31. August 1951 ist die Verordnung Nr. 47 der britischen Militärregierung mit Wirkung vom 1. September 1951 aufgehoben worden. Damit ist die bisherige deutsche Gerichtsbarkeit für die Aburteilung von Verbrechen gegen die Menschlichkeit von diesem Zeitpunkt an entfallen. Die fehlende Gerichtsbarkeit ist ein Verfahrenshindernis im Sinne des § 206a StPO.

Das Verfahren ist daher einzustellen."

Ein Weihnachtsgeschenk.

In der Gerichtsakte ist vermerkt, daß Helene am 14. August 1944, also zwei Tage nach der Verhaftung ihres Opfers, ein Nervenfieber befiel. Sie mußte einige Tage im Bett bleiben.

War es die Erwartung, von dem mächtigsten Mann im ganzen Land (von Dir, meinem Führer) bald berührt zu werden? An der rechten Hand, die Innenfläche dieser Hand an der seinigen? Vielleicht ein Foto von ihr in der Zeitung? Mit ihm? War es der Sieg in dem Wettlauf: Ich kann besser als ihr alle beobachten, mich besser als Sie, mein Vorgesetzter, erinnern?

Ich bin nicht klein und nicht dumm?

Oder hat sie die Macht krank gemacht, die sie einmal in ihrem Leben über das Leben eines anderen Menschen hatte? Über einen so wichtigen Mann?

Hat sie vom Blut gekostet, das die Mächtigen der Welt an jedem Tag trinken? Zum Frühstück, wie andere Leute heißen Kaffee.

Das verschwundene Grab

Ich bin seine Tochter, sein einziges Kind.

Und er liegt verscharrt, in meiner Nähe. Ich weiß nicht, wo.

Es regnete und regnete, einen Tag und eine Nacht und einen zweiten Tag und eine zweite Nacht und einen dritten Tag:

Dieser erste Tag, an dem Viktoria uns ängstlich erzählte, daß mein Vater plötzlich vor unserm Haus stand, drohte, sich eine Pistole zu kaufen, uns damit zu erschießen, sich fürs Zuchthaus zu rächen, und wieder verschwand. Sie wußte, wohin.

Dieser selbe Tag, an dem Viktoria die Drohung dem Polizisten anzeigte, der Angst vor meinem Vater hatte wie auch der Bürgermeister und wie auch der Ortsbauernführer, zwölf Tage vor Kriegsende, und die Franzosen waren schon in der Nähe.

Diese erste Nacht, in der wir Angst hatten vor meinem Vater, in unserem männerlosen Haus. Die Söhne Viktorias waren im Krieg. Sie, ihre Tochter und ich waren allein. Wir fürchteten uns vor Schritten, aber es blieb still.

Dieser zweite Tag, an dem die beiden fremden Männer um eine Unterkunft baten für die nächste Nacht. Sie waren von der Geheimen Staatspolizei, sie zeigten uns schon an der Haustür ihre Ausweise, aber sie waren doch nur Wachleute für die Gefangenen gewesen, dienstverpflichtet. Der Ältere mit dem Glasauge seit einem Jahr und der Jüngere mit dem steifen Knie seit einem Monat. Sie sagten, daß sie ihre letzten Gefangenen am Bodensee freigelassen hatten und nun vor den Franzosen in östlicher Richtung flohen. Aber fliehen durften sie nicht. Sie sollten sich von Zeit zu Zeit bei den zuständigen Stellen melden, nach Weisungen fragen, und eine solche SS-Dienststelle war auch im nächsten Dorf. Als sie am vergangenen Tage dort um eine Nachtunterkunft baten – nur eine Nachtunterkunft, Verpflegung hatten sie bei sich –, hatte man nichts für sie und wies sie an, sich selbst zu kümmern. So gingen sie zu einem Bauern, der sie für eine Nacht in die Scheune ließ, vom 26. zum 27. April 1945. Wer wollte schon, so kurz vor dem Ende des Krieges („Ende" durfte jedoch niemand sagen), die Geheime Staatspolizei auf seinem Hof?

Aber: Wer wagte, den beiden kein Nachtlager zu geben, solange noch Krieg war?

Dieser selbe zweite Tag, an dem wir den beiden Männern unsere Angst klagten.

Dieser selbe zweite Tag, an dem sie uns versprachen zu helfen, wenn wir es wollten.

Dieser selbe zweite Tag, an dem Viktoria den beiden Soldaten Unterkunft in ihrem Haus versprach und zu ihnen sagte: Lieber einer tot als drei.

Diese zweite Nacht, in der Viktoria den beiden Männern den Aufenthaltsort meines Vaters verraten hat. Weil ich mich weigerte, bestimmte sie ihre Tochter, die Männer zu führen.

Diese selbe zweite Nacht, in der ihn die beiden Männer gefunden, verhaftet, durchsucht, in der sie ihn abgeführt, erschossen und vergraben haben.

Und dieser dritte Tag, dieser Tag danach, an dem ich mit der Suche begann.

Die Erde war weich geregnet. Wo sollte ich seine Spuren finden?

Im Wald?

Wo vergräbst du einen, den du eben erschossen hast, ohne Urteil, heimlich, in der Nacht, bei strömendem Regen?

Im Straßengraben der Landstraße?

Dort, auf freiem Feld könnte dich jemand zufällig beobachten, ein Zeuge deines Verbrechens sein. Ein Hund könnte die Leiche riechen, ausscharren. Die Vorüberfahrenden, die Flüchtenden in den Trecks könnten den toten Körper in der aufgewühlten Erde entdecken und fragen: Warum liegt der nicht auf dem Friedhof?

Wo habt ihr meinen Vater versteckt? In einem Akker? Zur nächsten Ernte wäre er gefunden worden.

Vierundvierzig Sommer und vierundvierzig Winter liegt mein Vater nun ungeschützt in der Erde.

Am Tag nach seiner Todesnacht ging ich in unseren, seinen und meinen, Wald. Nur dort konnte er sein. Ein Wald schützt jedes Geheimnis.

Nur im Wald hat ein Mörder Muße: Muße zum Töten und Muße zum Unsichtbarmachen und Muße zum Unsichtbarwerden.

Der Regen überschwemmte auch meine Spuren im Wald, nicht nur die Spuren der Mörder und die meines Vaters, als ich ihn suchte.

Die Rinnsale am Wegrand, wo vermischten sie sich mit seinem Blut?

Zwei Schüsse in der Nacht: einer, um ihn zu töten. Der zweite, als er schon tot war, um des Todes sicher zu sein.

Weit konnten die Männer mit ihm nicht in den

Wald hineingegangen sein. Sie kamen ja bald zurück zu uns, noch in der gleichen Nacht.

Wir erwarteten die beiden, wir: Viktoria, ihre Tochter und ich.

Wir drei Frauen warteten.

Wir drei Frauen waren wach in unserem nächtlichen Haus und warteten.

Ich nenne Agathe „ihre Tochter" und nicht „meine Schwester": denn wir haben beide einen anderen Vater.

Agathe stammt von dem Metzgermeister: aus ihrer, wie Viktoria immer sagte, ersten, sechsjährigen, kurzen, aber glücklichen Ehe mit ihm hatte sie drei Kinder: zwei Söhne und Agathe.

So sind auch die beiden Söhne Viktorias nicht meine Brüder. Alle sind nur „ihre Kinder".

Ich bin von dem Flaschner:

Mein Vater hatte nach dem ersten Weltkrieg Viktoria geheiratet, die schon seit drei Jahren Witwe war und sich mit drei kleinen Kindern durchgeschlagen hatte, eine zweiunddreißigjährige Metzgermeisterswitwe, die bei ihrem Mann das Metzgerhandwerk erlernt hatte und selbst Hausschlachtungen vornehmen konnte. Nach der Hochzeit bekam er von ihr noch ein eigenes Kind, eine Tochter: mich.

Die anderen waren nur seine Stiefkinder, zwei Stiefsöhne und eine Stieftochter.

Ich, seine Tochter, war sein einziges richtiges Kind.

Aus ihrer vierundzwanzigjährigen zweiten Ehe hatte Viktoria nur ein Kind: mich.

Als die beiden Männer in unser Haus zurückkamen, saßen wir noch so, wie sie uns verlassen hatten: an der gleichen Stelle, am gleichen Tisch, vor Angst und Unheimlichkeit schweigend.

Nur Agathe war eine dreiviertel Stunde weggewesen. Sie hatte den beiden Männern gezeigt, wo mein Vater wohnte, nicht, wo er sich versteckte, nein, wo er vorübergehend wohnte, nachdem er aus dem Zuchthaus entlassen war.

Nie hätte ich mich in dieser Nacht dazu hergegeben, ihn zu verraten.

Die beiden Männer schwiegen nach ihrer Rückkehr wie wir. Sie waren sehr erschöpft.

Sie legten alles auf den Küchentisch, was mein Vater bei sich gehabt hatte: seinen Ehering – aber er war doch schon seit zwei Jahren von Viktoria geschieden? –, eine Uhr mit Kette, seinen Geldbeutel und seine Brieftasche.

Eine Pistole war nicht dabei.

Und nachdem wir drei, Viktoria, ihre Tochter und ich, diese vier letzten Habseligkeiten meines Vaters betrachtet hatten, sagte einer der beiden Männer, der ältere, der mit dem Glasauge: „So, der kommt nicht mehr."

Damit meinte er meinen Vater.

Er sagte es so endgültig, nicht triumphierend, so bitterernst.

Da wußte ich: Mein Vater ist tot.

Ich betrachtete die Hände der beiden Männer: sie waren nicht schmutzig, Blut klebte nirgends an ihren Händen oder an ihrer Uniform.

Nach ihrer Vollzugsmeldung bei der zuständigen Stelle hatten sie sich bestimmt waschen dürfen.

Die Männer blieben noch einige Tage in unserm Haus:

Agathe war damals schon dreißig und hatte ein uneheliches Kind von einem halben Jahr. Sie nahm den jungen Soldaten zu sich ins Bett.

Sie war in der Nacht schnell nach Hause gelaufen,

durch Dunkelheit und Regen, nachdem sie den beiden Männern die Unterkunft von meinem Vater gezeigt hatte – und dann hatte sie auf einen der Mörder gewartet.

Noch in dieser Nacht schlief sie mit ihm.

Ich hörte die beiden in dieser Nacht, wie sie schrien vor Lust, ohne Rücksicht auf mich. Ich war fünfundzwanzig, so alt wie er.

Am nächsten Morgen sah ich, wie sich die beiden küßten, und hörte, wie sie sich mit Du anredeten und wie er zu Agathe sagte, daß er zu ihr zurückkehren werde, wenn seine Verlobte in Stuttgart nicht mehr am Leben sei.

Er kam nie wieder, obwohl Viktoria ihm zum Abschied sogar etwas schenkte: ein Fahrrad.

Ein halbes Jahr später, nach dem Krieg, wurde Agathe verhaftet von den Franzosen und blieb für ein dreiviertel Jahr in Untersuchungshaft.

Aber sie schwieg.

Er war da schon Koch bei den Amerikanern.

Sie schwieg und schmuggelte sogar einen Brief an ihn heraus: er brauche sich nicht zu beunruhigen, ihm werde nichts geschehen.

Ich wurde auch vernommen von den französischen Offizieren und sagte alles über Viktoria und ihre Tochter, alles, was ich wußte von ihnen und meinem Vater, denn sie stritten sich mit mir um das Erbe.

Warum sollte ich sie schonen?

Viktoria wurde von den Franzosen nicht einmal verhaftet. Sie hat sich immer herausgehalten, uns vorgeschickt.

Ihre Tochter schwieg über die Mörder meines Vaters und mußte in die Freiheit entlassen werden.

Der junge Mann mit dem steifen Knie heiratete

zwei Wochen nach ihrer Entlassung: nicht Agathe, sondern seine Verlobte. Eine andere Frau.

Umsonst alles Schweigen, alle Standhaftigkeit.

Aber fast neun Jahre danach standen sie doch alle vor Gericht: der ältere Mann mit dem Glasauge, der jüngere mit dem steifen Bein, Viktoria und ihre Tochter, verheiratet mit einem Mann, der den gleichen Vornamen und den gleichen Beruf wie mein Vater hatte. So konnte er das Geschäft meines toten Vaters übernehmen.

Agathe leugnete alles, auch ihre Liebe zu dem jungen Mann mit dem steifen Bein.

Auch der leugnete, nichts habe er vorher gewußt, mit Fieber habe er am Nachmittag im Haus meiner Mutter gelegen, nichts gehört von einem Erschießungsbefehl, sei einfach so mitgegangen, der Kamerad mit dem Glasauge habe den gefesselten Mann im Wald erschossen, er selbst habe in den schon toten Körper meines Vaters nur geschossen, um vor dem Kameraden nicht feige dazustehen, von einem Liebesverhältnis zu Agathe könne überhaupt nicht die Rede gewesen sein, nie habe sie ihm aus dem Internierungslager eine beruhigende Botschaft zukommen lassen.

Mein Zeugnis sprach dagegen.

Viktoria sagte, die beiden Soldaten wären überhaupt erst spät am Abend zum ersten Mal bei ihr gewesen und hätten gleich die Absicht gehabt, ihren geschiedenen Mann zu holen und wegzuschaffen. Sie habe zwar seinen Unterschlupf benannt und auch ihre Tochter gebeten, den Soldaten den Weg dorthin zu zeigen, aber gedacht, daß man ihn nur in ein Arbeitshaus bringen werde. Denn „wegschaffen" habe sie nicht mit „töten" gleichgesetzt.

Der Ältere mit dem Glasauge sagte aus, er und sein

Kamerad haben meinen Vater auf Befehl der zuständigen Stelle festgenommen, bei der zuständigen Stelle vorgeführt und dort den Befehl erhalten, ihn zu erschießen. Wenn er das nicht getan hätte, wäre er selbst erschossen worden.

Aber ihm habe ein Mann befohlen, der nicht sein Vorgesetzter war, sagte der Richter nach dem Krieg.

Er hätte mich erschießen lassen, sagte der Mann mit dem Glasauge zu seiner Verteidigung.

Viktoria und ihre Tochter wurden mangels Beweisen freigesprochen.

Die beiden Männer kamen wegen gemeinschaftlichen Totschlags ins Gefängnis, nicht lange, aber sie mußten büßen.

Alle waren Angeklagte, nur ich war Zeugin.

Niemand hat gefragt, warum mein Vater am 26. April 1945 so furchtbar wütend auf uns war, daß er uns mit dem Tode bedrohte: Er wollte sich für das Zuchthaus rächen.

Und ins Zuchthaus haben ihn Viktoria, ihre Tochter und ich gebracht.

Eine Woche vor Weihnachten 1941 haben wir ihn angezeigt: weil er feindliche Sender gehört hat.

Ich wollte auch, daß er wegkommt, daß Weihnachten Ruhe ist. Denn wieder einmal hatte er sich betrunken, hatte gebrüllt und zerstört.

Ich habe diese Sender auch gehört, er wußte es natürlich. Er war viel zu anständig, mich beim Verhör zu verraten. Ich war doch sein einziges Kind, seine Tochter.

Sicher wußte er auch, daß Viktoria hinter der Anzeige steckte – unterschrieben hatte sie aber nicht. Das hat Agathe gemacht. Agathe unterschrieb.

Sie hätten ihn sogar zum Tode verurteilen können, so groß war die Gefahr, in die wir ihn brachten.

Er bekam zweieinhalb Jahre Zuchthaus. Wir haben ihn ins Zuchthaus gebracht.

Seitdem hab ich ihn nicht mehr gesehen.

Aus dem Zuchthaus ist er geflohen, aber sie fingen ihn wieder.

Als er danach vor unserm Haus stand und Rache androhte, sprach er nur mit Viktoria.

Er wußte, daß ein Wort von ihr, der Metzgerin, genügt hätte, ihn vor Gericht zu retten.

Nur sie mußte Angst vor ihm haben, wir nicht, wir, ihre Werkzeuge.

Viktoria war die einzige Zeugin für seine Drohungen vor dem Haus, vielleicht hat er uns gar nicht bedroht, und sie hat es nur gesagt zu den Soldaten, damit sie ihn umbringen, damit sie endlich befreit ist von diesem Mann, der ihr seit 26 Jahren ergeben war, der sie geheiratet hat als Witwe mit drei Kindern, der sie ernährte und der trank und sich schlug und die Menschen beleidigte im Trunk, vor dem sie nachts aus dem Haus floh mit uns, nur im Hemd.

Aber warum blieb sie bei ihm? Warum bezahlte sie seine Rechtsanwälte vor Gericht? Warum bezahlte sie ein Leben lang seine Geldstrafen wegen Beleidigung? Warum ließ sie sich erst scheiden, als er schon im Zuchthaus saß? Liebte sie ihn doch? Liebte Viktoria meinen Vater? Ich habe meine Mutter mit ihm manchmal so fröhlich gesehen, nur mit ihm, er war so unbeschwert, so arglos, er schlug nur um sich, wenn er betrunken war. Und hatte er nicht recht? Wir haben ihn doch wirklich verraten. Zweimal.

An seinem Todestag verrieten wir ihn das zweite Mal.

Dieses Mal hätte ich ihn retten können, ihn warnen

vor sicherem Tod, warnen vor den Männern, die seine Mörder waren, die langsam gingen im Regen, geschickt von meiner Mutter und geführt von ihrer Tochter.

Er hätte fliehen können, in zehn Tagen war der Krieg schon vorbei.

Ich verdanke ihm mein Leben. Und er verdankt mir seinen Tod.

Illusion

Die eine Geschichte, die ein jeder Mensch zu erzählen hat. Seinen Kindern, seinen Enkeln. Wenn sie groß genug sind, sie richtig würdigen zu können. Oder auch ganz fremden Menschen. Wenn die nur zuhören.

Jeder Mensch hat seine wichtigste Geschichte. Die ihn unterscheidet von den anderen, die ihn rechtfertigt, entschuldigt, erklärt.

Die alte Frau hatte vor zwanzig Jahren begonnen, ihre Geschichte aufzuschreiben. Da war sie schon dreiundsechzig Jahre alt. Und sie schreibt immer noch daran. Erst hatte sie mir ihr Leben geschickt, nun stand sie selbst da. Ihre weißen Haare im Nakken geknotet, die Augen von einem weißen Blau, Lederturnschuhe, Männerhosen, einen weiten Pullover unter dem Anorak. Sie stand in unserer Wohnungstür und sagte zu ihrem jungen Begleiter: Du brauchst mich erst um vier Uhr hier abzuholen. Fünf Stunden werden wir für unser Gespräch sicher brauchen.

Er ging.

Eine nette Aussicht haben Sie von hier oben.

Meine Großmutter wäre jetzt siebenundneunzig, fünfzehn Jahre älter als Sie, antwortete ich. Sie war auch Lehrerin. Möchten Sie Tee oder Kaffee?

Mir würde ein Kräutertee zusagen.

(Ich hatte alles gelesen. Und doch wollte ich eine gute Schülerin sein, eine gute Zensur bekommen.) Ich habe mit großem Interesse Ihre Aufzeichnungen gelesen, sagte ich.

Sie sah noch immer aus dem Fenster, über die Dächer der Gerichte und Ministerien und über die Kirchenruine.

Das zweite Kapitel werde ich Ihnen bald in einer verbesserten Form geben können, sagte sie, es sind jedoch noch Tippfehler drin. Es war ja auch nicht mein Beruf zu schreiben. Als Naturwissenschaftlerin bin ich gewohnt, mich an Fakten zu halten und die sauber darzustellen. Einen Stil, sagte sie, habe ich dabei nie angestrebt. Obwohl: LTI gehört zu meinen meistverschenkten Büchern. Eigentlich geht ja alles von dem Lagerkapitel aus. Die anderen Kapitel habe ich nach und nach in den zwanzig Jahren dazugeschrieben. Über die Zeit vor dem Lager und die Zeit danach. Aber das Lagerkapitel halte ich für mein Vermächtnis, sagte die alte Frau.

In Buchenwald war sie kürzlich und wollte dem Archiv ihr Lagerkapitel schenken. Aber die hätten nicht gewußt, wohin damit. Denn 1945 ist dort Schluß mit den Dokumenten. Das könne sie verstehen.

Doch sie war eben bis 1950 dort als Häftling.

Waren Sie wirklich inhaftiert, weil Sie unter Hitler Mutterkreuze verliehen haben? fragte ich.

Nein. Ich hatte doch immer noch die Hoffnung, daß meine Memoiren einmal gedruckt werden. Darum habe ich in der Geschichte, so wie sie aufgeschrieben ist, den wirklichen Grund nicht angegeben. Ich mußte unter anderem auch Gutachten darüber schreiben, ob eine Frau würdig ist oder nicht, das Mutterkreuz zu tragen, der Grund für die Lagerhaft war das aber nicht.

172

Sie erklärte mir den Unterschied zwischen der Geheimen Staatspolizei, der Gestapo – sie betonte die erste Silbe –, und dem Sicherheitsdienst, dem SD. Für den hatte sie nämlich gearbeitet. Ein anderer Mitarbeiter gab nach dem Krieg beim Verhör durch den sowjetischen Offizier an, daß er auch von ihrer Mitarbeit wußte. Er dachte, sie sei schon in den Westen entkommen und dadurch in Sicherheit. Sonst, meinte die alte Frau, hätte er es nicht getan. Sie traf ihn später im Lager wieder. Und da war er wirklich sehr erschrocken, sie zu sehen. Er hätte sie nicht denunzieren wollen.

Ich sah meine Besucherin plötzlich mit den Augen eines Richters nach dem Krieg. Oder eines sowjetischen Offiziers, der sie verhören soll. Oder mit den Augen einer Jüdin. Und sie entdeckt im Gespräch, dachte ich, daß ich vielleicht Jüdin bin oder anderer Meinung als die gewünschte. Oder sie hat mich belauscht, als ich den englischen Rundfunk hörte.

Dann wäre sie in meiner Macht oder ich in ihrer.

Jetzt fragen Sie mich ja immerzu, es ist gar kein richtiges Gespräch, vermerkte sie mahnend.

Es stimmte. Ich hatte ihr als Feind oder als Opfer gegenübergesessen.

Ich dachte gerade daran, so entschuldigte ich mich, daß ich jetzt schon älter bin als Sie bei Kriegsende, daß für mich gar nichts feststeht und für Sie damals alles feststand. Ich kann mich so schlecht in Ihre damalige Rolle versetzen. Nehmen wir die Rassen. Ich kann nicht begreifen, warum ich mehr wert sein könnte, wenn ich einer sogenannten arischen Rasse angehörte. Wie erleichtert war ich als Fünfzehnjährige tagelang, bin es eigentlich noch heute, weil ich nicht als Kleindarstellerin für BDM-Mädchen in

Frage kam. Ich hatte mich natürlich auch nicht darum beworben. Aber als Patenschule der DEFA mußten wir eines Tages alle in die Aula, der Regie-Assistent des Thälmann-Films drängte sich durch unsere Reihen und sah jedem ins Gesicht. Meine Freundin neben mir nahm er. Aber zu mir sagte er lächelnd: Nee, du nicht, du bist nicht arisch.

Die alte Frau sah mich prüfend an – da fror es mich – und sagte: Obwohl das natürlich nicht stimmt. Sie sind ein typisch nordischer Mensch, gerade wegen Ihres Individualismus und, das möchte ich dazurechnen, auch wegen Ihrer intellektuellen Überlagerung. Am ausgeprägtesten und beinahe krankhaft ist das jetzt ja bei den Amerikanern. Ich bin gar nicht für diesen american way of life.

Ich erwiderte: Wenn ich eine Geschichte über Sie schreiben könnte, dann würde ich sie Begeisterung nennen. Begeisterung als ein mir im Innersten unverständliches Gefühl.

Begeisterung wäre aber unzutreffend, sagte die alte Frau. Illusionen sei das richtige Wort.

Und dann erzählte sie von ihrem jetzigen Leben in einer Einzimmerwohnung in einem Haus mit lauter altersgerechten Wohnungen. Daß sie keine Putzfrau in ihre Wohnung läßt, obwohl sie sich eine bei ihrer Intelligenzrente von eintausend Mark leisten könnte. Denn diese Frau würde ihre Aufzeichnungen und auch die Bücherstapel durcheinanderbringen, die um den Tisch – in der Mitte des Zimmers stehe der – geordnet auf dem Fußboden liegen. Für die Putzfrau habe sie einfach keine Zeit, so wie die andern Frauen, die sich manchmal im Hausflur treffen, um Handarbeitsmuster auszutauschen. Sie müsse schreiben und dafür sorgen, daß ihr Lagerkapitel doch jemand gebrauchen kann.

Dort im Lager wurden sie nicht umerzogen, sondern nur sozusagen aus dem Verkehr geholt.

Sie sitzen hier für die andern, hatte der sowjetische Lagerkommandant zu seinen Lagerinsassen gesagt, wir können nicht alle bestrafen.

Sie habe sich nicht schuldig gefühlt. Aus diesem Grund war sie auch beim Vormarsch der Sowjettruppen nicht geflohen, sondern hatte als Arzthelferin gearbeitet. Nach der Entlassung aus der Lagerhaft habe sie beim Besuch ihrer Eltern im Westen eine sehr gute Stelle als Biologin angeboten bekommen. Sie war ja immerhin promoviert, eine Spezialistin der Mikrobiologie. Daher doch ihr Interesse für Genetik und Rassen, darum ihre Vorträge, erst kürzlich habe sie ihre eigenen Artikel in der NS-Lehrerzeitung wiedergelesen, sich an sie erinnert. Diese Stelle im Westen habe sie nicht angenommen, sei dann doch lieber zurückgekommen. Ein Leben im Kapitalismus wäre nichts für sie. Da gehe man über Leichen.

Fünfunddreißig Jahre sind seit der Entlassung vergangen. Und dreiundvierzig Jahre alt war sie, als sie ins Lager kam. Soviel hat sie bewältigt: die Kindheit als Berliner Beamtentochter aus dem Vorderhaus, unterm Kaiser den ersten Weltkrieg, das bündische Jugendleben, die Schwangerschaftsunterbrechung in den zwanziger Jahren – das Kind hätte einen jüdischen Vater gehabt –, Mitglied der NSDAP seit dem 3. 3. 33 und daß sie nur eine Mitgliedsnummer über eine Million erhielt, die Vertretung des NSDAP-Kreisleiters, dann die Leitung einer Lehrerbildungsanstalt, die Flucht vor der Sowjetarmee und die Rückkehr in ihre Besatzungszone, weil sie sich, wie gesagt, schuldlos fühlte, die Lagerhaft, die Liebe zu einer Frau, nach 1950 ihre erfolglosen Anträge, wieder als Lehrerin arbeiten zu dürfen. Alles hat sie bewältigt, nur nicht, daß niemand etwas über die Lager weiß oder wissen will oder soll.

Möchte sie, dachte ich, auch hier wieder zur Elite gehören, weil sie für andere sühnte?

Ein typisches Nazi-Schicksal habe sie nicht, sagte sie, denn sie sei wirklich gläubig gewesen. Darum habe sie auch diejenigen, die von ihrer Macht nur profitierten, angezeigt. So wie den Schulleiter, der seine Tochter bevorzugen ließ und gerechte Lehrer schikanierte, oder den Kreisleiter der NSDAP, weil er korrupt war. Ein schlechter Nationalsozialist, habe sie damals gedacht.

Vielleicht ein guter, im Sinne Hitlers, hatte der sowjetische Offizier daraufhin im Verhör entgegnet.

Wen haben Sie noch angezeigt? fragte ich beklommen.

Sonst sei ihre Aufgabe im Sicherheitsdienst nur gewesen, die Stimmung in der Bevölkerung wiederzugeben, zum Beispiel Meinungen über einen Film oder über die Qualität der Fotos von Hitler in den Zeitungen. Sie habe niemandem geschadet, betonte sie dringlich. Nur weil sie die nationalsozialistische Idee reinhalten wollte, nur aus diesem Grunde, habe sie zum Anwerber des Sicherheitsdienstes ja gesagt.

Dafür sei sie im Lager gewesen.

Die eine Geschichte.

Vielleicht muß sie die erzählen, bis eine jüngere Frau ihr einmal verzeihen kann, eine, die damals noch nicht lebte, so eine Frau wie ich.

Nachbemerkung

In diesem Buch habe ich Denunziantinnen und Verräterinnen beschrieben. Diese Frauen lebten, ich kenne sie aus Gerichtsakten, aus Zeitschriften oder aus persönlichem Gespräch. Um ihre Persönlichkeitsrechte nicht zu verletzen, habe ich ihre Namen unkenntlich gemacht.

Auch die Namen der Opfer habe ich geändert. Nur drei nenne ich mit ihrem richtigen Namen, stellvertretend für die anderen, die in einer Diktatur auf deutschem Boden ihre Menschlichkeit und ihre skeptische demokratische Haltung bewahrten:

den jungen Pianisten Karlrobert Kreiten,
den katholischen Pater Dr. Max Josef Metzger
und den Politiker Dr. Karl Goerdeler.

An dieser Stelle möchte ich mich für die Arbeitsmöglichkeit im Zentralen Parteiarchiv im Institut für Marxismus-Leninismus beim Zentralkomitee der SED in Berlin/DDR und in der Staatsbibliothek in Westberlin bedanken. In der Staatsbibliothek las ich Prozeßakten, die veröffentlicht sind in der Sammlung „Justiz und NS-Verbrechen", unter der Leitung von Prof. Rüter vom „Van Hamel" Institute of Criminal Law der University of Amsterdam. Für mein historisches Verständnis ist diese Sammlung unersetzbar.

Für Ermutigung und Textkritik danke ich den Lektorinnen Helga Thron vom Aufbau-Verlag und Ingrid Krüger vom Luchterhand Literaturverlag, für hilfreiche Hinweise, Literatur und Antworten auf viele meiner Fragen meinen Gesprächspartnern der letzten vier Jahre.

Helga Schubert, im August 1989

P.S.

Mit der Arbeit an diesem Buch begann ich vor vier Jahren. Ich wollte die Auswirkungen eines totalitären Staates auf das Alltagsverhalten seiner Bürger am Beispiel der politischen Denunziation durch Frauen verstehen und wählte dazu Denunziationen im nationalsozialistisch regierten Deutschland. Die Wahl dieses Gegenstandes hatte zwei Vorteile. Ich hatte es mit einem historisch abgeschlossenen Zeitraum zu tun. Wer dieses Buch liest, weiß, daß das „Tausendjährige Reich" trotz Terror und Gesinnungspolizei im Innern und Völkermord nur zwölf Jahre dauerte. Er weiß auch, daß auf dieses System ein anderes politisches System folgte. Von einem Tag zum andern änderte sich im Mai 1945 die Strafbarkeit einer politischen Handlung. Gestern hatte die Denunziantin eine Belohnung erhalten und ihr Opfer wurde hingerichtet, heute wurde sie wegen Verbrechen gegen die Menschlichkeit selbst verurteilt. Die Täterin hatte gestern die Macht des Staates zur Lösung ihrer privaten Probleme genutzt, heute war sie die Angeklagte. Mich interessierte also die Gefahr des Machtmißbrauchs. Und zugleich wollte ich die Hoffnung auf die Veränderbarkeit scheinbar zementierter Verhältnisse stärken.

Es steht mir nicht zu, die beschriebenen Frauen zu verurteilen. Heute glaube ich, daß auch sie Opfer der Diktatur waren. In demokratischen Verhältnissen hätten sie für andere Menschen nicht todbringend werden können. Sie konnten der Versuchung zum Verrat nicht widerstehen.

Ich habe ihren Verrat nur aufgehoben, wie ein verwelktes Blatt. Und wie unter einem Mikroskop sah ich eine Struktur, die sich immer und immer und immer wiederholt. Aber ich sah auch bei jedem neuen Verrat eine Variante, die mich faszinierte, entdeckte Menschen, die heimlich den Verrat nicht unterstützten, ihn sogar verhindern wollten. Manchmal entdeckte ich eine tragische Verstrickung der Verräterin, hatte Mitleid mit ihr. Jedesmal grübelte ich wie vor einem Rätsel und war erst erleichtert, wenn ich die Lösung gefunden hatte. Das Leben dieser Frauen und der Tod ihrer Opfer sind unlösbar miteinander verbunden. Ich habe Beispiele erzählt, Parabeln über verständliche Motive und unlautere Mittel.

H. Sch. 24. November 1989

Inhalt

Judasfrauen   7

Das vierte Kind   29

Ein Gespräch in der Kleinbahn   45

Der unerreichbare Mann   54

Eine Frage ohne Antwort   66

Die Kameradenfrau   74

Das Ende der Geborgenheit   91

Spitzel und Verräter   99

Die Vertrauensperson   105

Gesucht: Goerdeler   149

Das verschwundene Grab   161

Illusion   171

Nachbemerkung   *177*